第十讲　老子为什么求愚非智

为什么老子喜欢「愚」

今天我们要讲解的是老子的求愚思想和知识论。在老子的《道德经》中有很多涉及求愚思想的论述，也就是大智若愚或者是反智主义。这是今天的人们比较难接受的一个观点，但在老子的书里反复出现。

他把「愚」，就是我们现在说的愚蠢、愚傻当做一个非常正面的词来解释，最突出的是在第六十五章里，他说「古之善为道者」，古代的这些能够掌握了大道的人，「非以明民」，并不是教导老百姓越来越聪明，而是「将以愚之」，是要让老百姓愚傻一点才好。「民之难治，以其智多」，老百姓智谋太多就不好管了，管不好了，不听你的话了，故「以智治国，国之贼」，如果要是用智谋来治理国家，你就是自己要把自己的国家搞垮，你等于是这个国家的一个蟊贼，你破坏了这个国家。「不以智治国，国之福」，你不以智谋来治国，才是国之福。像这样的话让人非常反感，尤其是在我们现在提倡开启民智，提倡人民当家做主的情况下，说把老百姓弄得都傻傻的、呆呆的，这个简直太反动了、太不能够解释了。所以自古以来就有对老子这个方面非常激烈的批判，因为他提倡愚民。

但还有一些学者解释说，老子那个时候讲的「愚」跟今天说的愚蠢和傻、愚傻，并不完全一样。那时候的「愚」实际上主要是「朴素」的意思，就是提倡人要淳朴。因为我也没有在几千年前生活过，所以我也判断不出来这样说对不对，可是我觉得因为老子另外还在大量的地方讲「朴」，所以「朴」和「愚」并不完全一样，要是完全一样，他讲「朴实」就完了，但他讲的是「愚」，所以这个愚的问题还是值得我们来考虑的。但有一条我觉得容易判断：你让老百姓愚，

我认为这是不可原谅的、不可接受的，但是对老百姓你别要心眼、你别要花招，对老百姓你不要弄很多的智谋，让老百姓摸不着你的底、让老百姓永远处于一个被动的地位，我觉得这个道理是对的。

因为各国都是上行下效，如果你上边空谈，这一国都喜欢空谈。这我可是见过。如果你上边喜欢锻炼身体，这一国就都喜欢锻炼身体，比如拉美国家喜欢踢足球，有的拉美国家甚至规定竞选总统的候选人必须踢过足球、当过足球运动员，证明你的品质、你的身体健康、你的气概够得上总统。就像吴王好细腰，喜欢减肥，宫女都要饿死，为了减肥都一个个饿死了一样。上边喜欢空谈，底下全都空谈，这样的例子太多了。当年苏联的时候，我到乌兹别克斯坦、到塔什干参观一个博物馆，那儿有看车的，有两个看车的小伙子，因为没有几辆车在那儿，所以他们很寂寞，我因为在新疆学会维语——维语和乌兹别克语就像天津话和北京话一样接近，我就跟他们聊了两句，我一聊他可来精神了，不让走了，他跟我聊、跟我谈起世界形势了：我们热爱和平、我们不喜欢战争，但是美国要把战争加在我们身上。我心想他看车的，跟我聊这个干吗？这是一个风气。所以上边不要好智谋，什么事本来能够两句话实话实说，就可以办完的事，你弄很多的花招，这样的话，你的老百姓也会变成这样。从这个意义上说，老子讲的我们今天的人容易接受。

还有一个问题就比较复杂，他说「民之难治，以其智多」，就是说老百姓的智谋越多，你越难以管住。有这种想法的人还不仅仅是老子，全世界古今中外都有这样的想法，愚民的思想也是源远流长的。民国时期有一个军阀，他治军的主要经验就是不能够让兵闲着，没事你就给我跑步，没事你就给我正步走。为什么？一闲着就容易出思想问题了。

我去过南非，我见过黑人领袖纳尔逊·曼德拉，他坐过监狱，他在监狱里头一件很重要的事，就是来回地搬石头，

王蒙讲说《道德经》系列

今天要你把石头搬到那儿去，搬了仨月搬过去了，然后从第四个月开始，让你把石头再从那儿搬回来。你说是为了锻炼身体吗？客观上起锻炼身体的作用——放风、锻炼身体，但是其中有一条就是不让你闲着，让你头脑越简单越好，所以说这种愚民思想确实是有它的道理。但是愚民思想也给很多社会、很多民族带来许多不幸的教训，因为愚民的结果是各个方面，尤其是科学技术上、国防技术上、生产管理上、企业管理上，都跟不上人家，你老处在一个落后的地步。

我们本来是不能够接受这种愚民的说法的，但是我们可以讨论一个问题，这个问题在老子那里更麻烦，因为古代中国这个『智』字，就是矢、口、日，和『知』字，矢、口，不带日的，是同一个字，所以有的时候它是讲『智』，有的时候它是讲『知』，老子主张你不要把过多的力量放在求知上，更不要用过多的力量去玩弄手段，而回过头来就是还是让老百姓自自然然地生活，该打鱼的打鱼、该捉虾的捉虾、该种瓜的种瓜、该养牛的养牛，他认为这个是最理想的生活。相反，如果你在国内要很多的智谋，然后整天把大家教得都在那儿动心眼，这个不是好事。你不能说这话完全没有道理，看你怎么掌握这个分寸了。

可是现在又有这么一种说法：中国的哲学——中华的文明，它的特点是比较早熟，就在欧洲和美国当时的文明还没有怎么形成的时候，中国的文明已经形成了自己的一套，所以非智或者反智，从后现代的观点来看，多少沾点边儿叫『文化批判主义』，这是种『后现代』思潮，就是质疑文化给人带来的是不是都是幸福？文明给人带来的是不是都是幸福？

现在有一批学者从负面的观点上来看文化带来的东西，这种说法已经很普遍，在座的一些朋友也许都听到过，说

现在的人身体健康已经不如古人了，因为现在生活条件太好了，尤其家里有空调冬天不冷、夏天不热，适应自然环境的能力大大不如古人。在无菌少菌的环境下生活习惯了，人的免疫力会大大降低，我们有时候碰到这种情况，在某一个卫生条件特别好的地方生活了三年五年，等到回到故乡那个卫生条件稍微差一点的地方，很快就得病了，确实免疫力不如过去了。另外，城市的生活、高科技含量高的生活也带来了各种各样的污染，这种精打细算的生活也造成了人的思想品质中某种负面的东西。甚至于还有这种数字：我看一个材料说，英国由于电脑的流行，很多儿童缺少户外活动、缺少阳光照射，因为阳光照射可以帮助人把胆固醇分解成维生素D，缺少维生素D，身体、四肢的锻炼也不够，许多的病就此产生，这个数字触目惊心。还有研究人员说由于城市生活的各种条件和由于竞争激烈紧张，现在许多男性的精液里边精子的含量已经越来越低了，要这样下去再过个三五十年，人类就快绝种了。

这可能是比较夸张的说法，但说明我们看到了生产力的发展、科技的发展、文明的发展、文化的发展，给我们带来了无限的可能性，同时我们也看到发展、技术、科学会不会也带来一些麻烦、带来污染？再譬如说像『克隆』这样的知识，有一些人文学者对『克隆』就深恶痛绝。当然这个问题我们今天无法在这里讲清楚，这也不是我的知识所能达到的。有一些人认为克隆的结果就是知识发展的结果——『国之贼』也！这种克隆的技术将来会带来不知道多少问题，会带来伦理上的问题、会带来生命上的问题。所以有时候大家又觉得老子的说法有道理，看从什么角度上讲，如果说你已经非常现代化了，你的科技知识普及得不得了，你什么事都用电脑，那么你要回过头来反思一下这些科学、这些技术、这些工具、这些电脑，对人类造成了哪些损伤、哪些伤害？我们应该怎么样留其利而防其害？也许这样的反思

是必要的，是对人类有益处的。

至于说批评电脑，到现在对电脑的争论仍然非常多。当然这是一个教训：当年美国开始研究电脑的时候，苏联说这是伪科学、是反动，说是因为用机械来模仿人脑的思维活动，从理论上说就是资产阶级反动派的主张。这个说法显然是站不住的，是把科学技术意识形态化了，是自己封闭了自己。所以苏联当时不允许研究电脑，这是当年苏联办的傻事，我们不能够赞成这个。但是至今电脑对人是有好处还是有坏处，仍然有争执。在美国有一些左翼人士就告诉我，一见着电脑就说『我最恨它们，我最讨厌的就是电脑』。他认为电脑把人的生活弄得非常的无趣。中国的电脑科学技术发展是比较晚的，但是中国的写作人用电脑的比例非常大，相反，日本的电脑非常发达，有一次有一批日本的作家——日中文化交流协会的，像什么井上靖、水上勉一大批人，我们一块儿聚会说起电脑来，他们就说日本是电脑很发达的一个国家，但是他们这批作家谁都不用电脑，这是对电脑争论的一个例子。

对汽车的争论也是，西方世界至今都有人反对汽车。我还认识一位很有名的学者，他因为前两年批评中国的文学都是垃圾而著名，就是德国汉学家顾彬，他不开车，他到哪儿都尽量步行。有一次他邀请我们到他家里去吃饭，在波恩，他步行我还凑合小跑能跟上，我老伴简直已经快不行了。那次走的距离我想起码有八站到十几站这么一个距离。如果要按老子的思路，跟这些思想就暗合，就是发展那么多技术干什么？掌握那么多知识干什么？人本来在天地之下是生活得非常愉快的，你搞那么多新鲜花招干吗？

有些人嘲笑科学和技术，认为这些科学和技术的发达从另一面来说减少了人的身体功能。毛泽东主席年轻的时候

信奉一个口号，就是『文明其头脑，野蛮其体魄』——头脑应该文明，但是体魄——你的胳膊腿应该向野蛮人看齐：你敢于跳到冰水里头，你也不怕冷，大太阳底下你也不怕热，找着好吃的了你足吃，饿三天也不害怕。毛主席年轻的时候信这个。所以老子对愚和智的问题虽然有许多论断不可接受，但是我们还是感觉到他有他的那一部分道理。这一部分道理如果我们能掌握，对于我们今天正确地对待现代化、正确地对待科学和技术，重视我们自身体能和体质的锻炼，重视那些最原生、最朴素的文化成果，是有好处的。

不出户，知天下

《老子》里有一段话，引起的争议会更大。《老子》第四十七章里说得非常玄乎：『不出户，知天下』，就是你连门都不用出，就在屋里头，天下事就都知道了。『不窥牖』——牖就是窗户——『见天道』，我连窗户都不打开，我不从窗户里头看天，但是我就知道天、知道天道，我就知道『天道』是什么，用不着我打开窗户去看，我有直觉的视觉的反应。『其出弥远』，出门你走得越远，『其知』或者是『其智弥少』，你走得越远，你见的东西越多，你就越傻。『是以圣人不行而知，不见而明，不为而成』，又是一种极端理想主义的玄妙，圣人不亲自去看，我们说耳闻不如目见，他说用不着，不用亲自去看，你就知道了或者你就有智慧了。『不见而明』，我眼睛并没有看见，但是我就明白你是怎么回事。『不为而成』，我也没说我一定要干什么，但是这事办成了。

这个说法是不是有点神乎其神？有点难以接受？和常人、常识、常理是相违背的，所以更看到了这种反智主义或者非智主义的源远流长。要表面上看，这些话我们就可以很快把它否定掉，因为不符合唯物主义，唯物主义认为人的

认识是对客观世界的反映，你越了解这个客观世界，越介入这个客观世界，你对这个客观世界知道的也就越多，你也就更聪明更明白，你也更有见识。我们说见多识广，读万卷书行万里路，而你把自己绑在一个房间里头，连窗户都不开，这样的人他能有什么知识呢？

但是我们要细细地想老子那个时代，他立论的那个时候，诸子百家，治国平天下，讲的都是舌灿莲花、天花乱坠。这个时候老子要立论也要讲点儿绝门，要讲点儿与众不同，要讲点儿刺激的，所以他这话说得非常的极端。但是从这个最极端的说法里他涉及一个问题，就是智慧和知识并不完全是一回事，智慧是一个综合的能力，知识是可以量化的。比如说：我知道这个、我知道那个——这只是知识，智慧是一个综合的处理。知识越多智慧准就越高吗？你知识多，你走了万里路，你知道很多远处的知识，你拿来能被本土所消化、所使用吗？究竟是从万里之外趸来的知识有用，还是你当地的土法上马更有用呢？这个问题可就深了。

人常常会在常识上犯错误

有些大人物之所以犯错误，恰恰不是由于哪个稀奇古怪的知识他没有，或者哪个最高深的知识、离他最远的那个知识他没有，恰恰是那个最简单、最常识、最大实话的知识他没有。我们知道当年毛泽东主席对王明有许多的批评，对所谓左倾机会主义——现在我们不大谈这个人了，因为这个人物早期的——这些党的活动家到底怎么评价是另外的问题，但是毛泽东当时批评王明讲得很有趣，我找不出原文来念，大概的意思是说王明其实也没有什么，就是有三件事他不知道：第一他不知道打仗会死人；第二，他不知道人要吃饭；第三，他不知道要是转移阵地的话要行军、要走

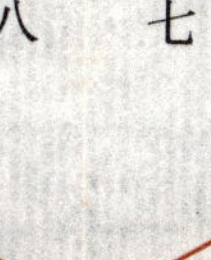

路。因为相对毛泽东来说，王明接受了更多的苏式教育，王明看列宁的著作都是从俄文、从原文来看的，所以他是非常苏式的，他是按苏联、共产国际的那一套来要求中国共产党。而毛泽东主席跟他相比，是更多地根据中国的实际情况。跟毛泽东相比，王明是非常洋的，是非常的苏式，而毛泽东更多的是按照中国的实际情况来弄，所以王明闹了半天和中国的实际情况并不一致。

毛泽东主席在五十年代的时候还曾经和一部分年轻人讲话，他问年轻人什么叫经济、什么叫政治、什么叫军事？年轻人当然不敢在毛泽东面前妄言了，就说我们说不好，请主席给讲一讲。毛主席怎么讲经济我忘了，但他说：什么叫政治，政治就是你团结的人越多越好，让反对你的人越少越好。什么叫军事，他回答的更是大实话，他说军事很简单，简单说起来就是打得赢就打，打不赢就跑。都是大实话。当然了，你别说军事，就是街上打架也是一样，一个坏人你明明打不过，让你去打你要牺牲，所以他说打得赢我就打，打不赢我就跑，吃亏的事我不干，这才是军事。

要本土化而不能过分远洋化

他就是用这种土的道理、用这种人民群众的经验、用本地的这些经验来取代那些大的来自远方的进口原则。毛泽东在延安许许多多次讲这个，他讽刺那些言必称希腊的教条主义者。

这里是有这个问题，比如说我们中国确实有许许多多名人不但出了户——那些人当然也有他们的可爱之处，到了国外有的变成了苏联派、有的变成了美国派，认为把苏联的那一套或者把美国的那一套拿到中国来一实行，中国就会强盛起来，人民就会幸福起来，中国就能做到现代化。但是事实证明真理恰恰要在本地做起，关键是要把你的学问实

际化、本土化。所以老子的话表面上看非常的荒谬：『不出户，知天下。不窥牖，见天道。其出弥远，其知弥少。』『不行而知，不见而明，不为而成。』这个道理就是说：我们一切的知识、一切的智慧，要从你脚下的土地做起，要从常识做起，要从最实际的长短利害得失考虑起，所以毛泽东把军事解释成打得赢就打，打不赢就走。

我觉得老子话里的意思要从这方面理解，他是有他的可贵之处的。老子的这些话就是让我们不要被洋教条唬住，你不要被万里之外的十万里之外的一个什么新鲜的说法吓到，你要把它消化，要讲本土化、民族化。

不应该是无知的本土化而是学贯中西又立足本土

如果从这个角度上来考虑问题，老子一点也不过时，但是他说得太夸张了。我们今天希望的是一个人能够对世界高端的知识有所了解，不但要知道几大洋几大洲而且要知道外层空间，还要知道上古、知道白垩纪、奥陶纪，你还要知道海水的深处，知识越多越好。同时操作任何事，要实事求是，要从脚底下的土地做起，要三贴近：贴近生活、贴近实际、贴近群众。要是我们这样来理解，就不会简单地把老子这篇话当做一段胡说，或者把这段话当做是纯然的反动。

我们平常的一些常识和老子非智、反智的某些说法是有共鸣的，起码不是完全相违背的，当然我可以再次强调我们不全面接受老子的非智思想，相反我们还要说科技兴国，还要重视教育，要启迪民智。我们中国人绝不是嫌自己太聪明了，而是嫌自己的知识还不够，还不符合现代化的要求。

牛顿挖两个猫洞

我们平常说『大智若愚』，在老子的书里没有这四个字，但是它有另外的一些词非常像『大智若愚』。他讲『大

成若缺』，就是大的完成、大的成果，好像总缺点什么。『其用不弊』，虽然它若缺，但是你用起来它是没有完的，它永远能够对你有意义、永远能发挥它的生命力。『大盈若冲，其用不穷』，大的充实反倒显得虚空，反倒这也空了、那儿也空了。『大直若屈』，你最大的直爽、直率，道德——直字在古文里头和『德』字是相通的——反而显得有点曲里拐弯，显得还有点不够耿直。『大巧若拙』，大的巧好像是笨。『大辩若讷』，特别善于辩论的人，别人听起来他的口才并不好。

然后就有了我们今天所说的『大智若愚』，要想找大智若愚的例子特别的多，这也怪了！连牛顿都有流传说他养了两只猫，一个大猫一个小猫，他就在窗户上给猫挖猫洞，咱们养猫的人都干过这个，他挖了一个大洞挖了一个小洞，他的朋友来了说：你这干吗呢？他说，我这挖猫洞呢，朋友问：你干吗挖俩洞？他说大猫走大洞小猫走小洞，朋友说一个洞不就行了嘛，他说大猫走小洞它过不去。他就忘了这小猫可以走大洞，他只是想到大猫不能走小洞了。这我听着都有点不信，好像就连我三五岁的孙子都不会犯这个错误，这牛顿真大智若愚了。

还有一个牛顿大智若愚的例子，那个时候可能还没有这种什么瑞士表、日本精工表，没有这些东西，那时候是用怀表，据说牛顿煮鸡蛋，把怀表当鸡蛋放在锅里头，当然这表也就坏了。这个例子容易理解，他太专心了，在研究什么问题，恰恰鸡蛋旁边有一个怀表，怀表捏起来也是圆形的，他以为这是鸡蛋，就给煮到锅里去了。前一个例子，我觉得从这个意义上来理解，正好『大智若愚』就是『大成若缺』，牛顿的智慧是『大成』，他研究的是宇宙的几个定律，关于运动的定律、关于惯性的定律、关于作用与反作用的定律，他的脑子在这儿呢，至于挖俩猫洞，是不是还有什么

审美的因素？或者他习惯于秩序，认为这是车行车的道、人行人的道，各行其道，按照交通警的那个规则：大猫你走这洞，小猫你走那洞，省得它们俩挤在那儿怎么办呢？牛顿一定有特别可爱的思想，他认为就应该给猫挖两个洞。

反过来我要是跟牛顿套套瓷，我说他老人家好奇我这里挖俩洞，我这个窗户大，我挖八个洞都没关系，我再弄两个更小的洞给黄鼠狼留着，这就没有大的关系。其实很多大学者、大学问家、大科学家，他们在日常生活琐事当中都不是太灵光的，有很多这类的故事，说爱因斯坦吃完饭打的，人家问他：您上哪儿啊？他不知道他家的住址是什么，他说这我得问问，他赶紧借一个电话，那时候还没手机，他借一个电话找着了自己的秘书，说你告诉我爱因斯坦的家在哪儿？那个秘书说：对不起先生，爱因斯坦家保密。他说我就是爱因斯坦，你不知道吗，你跟我还要保密。这种事并不新鲜，我看过很多这样的人，他说不准自己的楼号和层号还有地址，甚至于说不准自己的电话号码，而且表示因为我很少给我自己打电话，我都是给别人打电话。

智者的放弃

所以这种大智若愚和大成若缺的人，一定要有所放弃，不能大事小事一律精明、一律门儿清，不要认为人什么都能明白。从这个意义上，老子讲的非智、反智又有它的好处，就是在知识和智力的问题上永远要谦虚，哪怕是爱因斯坦、哪怕是牛顿也有犯迷糊、犯糊涂的时候，也有无知的时候。

「大成若缺」还有另一面的道理就是小的成果，越小的成果越容易完美无缺。比如说做一个日本人最喜欢的俳句，它是五、七、五，十七个字，噔噔噔噔噔，噔噔噔噔噔噔噔，噔噔噔噔噔，它就十七个字，你可以做得完美无缺，有

许多著名的俳句诗人。现在日本有些地方还专门有一个邮箱，这个邮箱就是让你把你写的俳句放进去，然后每个月评奖，评奖以后弄好了你还能得个几万日元奖品或者奖金。这个你可以做到完美无缺。但是一个几百万字的长篇小说，就不可能完美无缺了，就是《红楼梦》也有许多所谓硬伤，有人统计过，譬如说书里边的年龄不对，生日不对，这样的例子也非常多。所以老子讲知识永远不是完全的，也不是万能的，智慧也永远不是完全的，你必然会有顾此失彼所谓抓了东边就误了西边的这种现象。这也是我们理解老子关于非智思想的一个途径。

学然后知不足

老子在第四十一章里头还说「明道若昧，进道若退，夷道若颣，上德若谷」，我就不一一地念，因为它太多了，这一类同样的造句的方式，他说的是什么意思呢？就是你越明白，越显得有点昏暗，学问特别大的人，就不会显出你学问特别大，你知道的事越多，就越知道你所不知道的东西很多，那么当你认为自己有许许多多的东西不知道的时候，你就牛不起来了，你就不会到处显摆你自己了。这样的论点对人的意义也非常大，而且古今中外都有过这一类的论点，这也有一种辩证的思想在里边。

在《礼记》上就已经有这话，「是故学然后知不足」，现在在我们这里也变成一句成语了，我们说「学而后知不足」。《礼记》上的原文是说「学然后知不足」，因为你越学就越知道知识的大海有多么广大，而你知道的那点东西实际上微乎其微。

孔子也有类似的论述，我们都是耳熟能详的，孔子说「知之为知之，不知为不知，是知也」。这个话说起来也很简单，

就是你不知道的事千万别假充内行，你千万别冒充知道，你冒充知道你就开始丢人，你的公信力就会降低，你办的事就可能办砸，你如果是在封建社会给皇上当差的话，你不知道却说知道，这就叫『欺君之罪』，耽误事，弄不好能掉脑袋。

所以最知道的人，真正有知识的人，就是我知道什么就是知道什么，我不知道什么就是不知道什么，尤其是承认自己有所不知。

同样的话，到了老子这儿又有另外的一些说法，他说『知不知上，不知知病』，什么叫『知不知』，就是知道许多东西自己并不行，自己并没有那个知识，千万不要以为自己什么都懂，这是不可能的。这样的是最上等的选择，这是一个人的精神境界比较靠上、比较高尚的一种表现，就是知道自己有许多东西不知道。而『不知知病』，是你没有知道多少，我们所说的一瓶子不满半瓶子晃荡，这种情况之下你还要表示你什么都知道，这是一种病、是性格上的弱点，甚至于是你身上的一个病灶，弄不好变成一个致命的弱点，变成一个死地，这都有可能。

老子始终反对一个人什么事都往前冲，他是主张该退的时候退，该收缩的时候收缩，该低调的时候低调，所以也可以说老子的哲学在很多地方是一个低调的哲学。在『知』的问题上他也是特别提倡低调，他认为过于高调的人很可能要自取其辱，很可能要自找倒霉。

以『啬』治天下

老子在第五十六章里还说『知者』或者是『智者不言』，就是我知道的事我就不多说了，我越是知道就越不多说了。『言者不智』，说的过多的人不够聪明，不够智慧，或者是说的过多的人对所说的事其实不懂，他并不知道。这个说法也很有意思，这里不但对人的『知』或『智』希望有所控制，低调一些，希望适当泼一点冷水：你千万别以为你什么都知道，他对『言』也控制，就是你说话、你讲话、你发表见解应该保持慎重的态度，越是有知识有智慧的人越不会过于随便地胡说八道，你应该把你的话语减少到最少的程度。

老子在另外一个地方讲『治天下莫若啬』，『啬』就是吝啬，所以在说话这个问题上也应该比较吝啬。在英语语言文化里边也有类似的说法，比如说『沉默是金』，这个也是指在许多情况之下多言是不智的。

所以在第五十二章里老子又讲一个道理说：『塞其兑，闭其门，终身不勤。开其兑，济其事，终身不救。』『兑』就是指人的五官，他说得又非常夸张，让我们不见得那么容易接受，他说你把你的五官带口的地方都堵上，然后把你的门户闭上，这个门户你可以解释为心灵的门户，就是说我不随便接受外界的有害信息，我自我进行封闭式管理，这样的话『终身不勤』，这个『勤』不是勤奋而是不尽的意思，你的精力你的学问就永远用不完，因为你不滥用，你自我进行封闭式管理，你把眼睛闭上了，你把耳朵堵上了，即使不堵也不那么有心去收听外界的信号。这个在特定的情况下也是有意义的，比如说『非典』流行那时候，我们戴口罩这也是『塞其兑』，把嘴和鼻子起码先堵上点儿，让它隔离一点儿，所以『塞其兑，闭其门，终身不勤』，这个在特定的情况下也有它的道理。『开其兑，济其事，终身不救』，你什么信息都接收，什么刺激都吸取，然后你办什么事还要往上加码，这种情况之下『终身不救』，反而不可救药了。

抵御有害信息

我想在老子那个时代，虽既没有上网也没有电脑也没有很多现在这些信息的来源，但是那个时候天下大乱，诸子

百家谈什么的，提倡什么的都有，每个人都在那儿吹，就跟一个小市一样，就跟一个自由市场一样，都在那儿兜售自己的货色，如果你什么都听、什么都信，你变成了大傻子了。

所以自古以来，我们有一种像老子这样虽然偏向于消极、虽然不能够全部地接受下来，但是有这么一种类型让你保护自己、少接受有害信息、不要随随便便地跟着别人的屁股走，能够把什么事从常识从实际从脚下做起、低调地处理一些问题、说话也少说一点的处世方式。我觉得这毕竟是老子的一种智慧，也是老子大智若愚的地方。

当我们谈到老子有的时候对智力对知识有一些贬低的时候，这个问题和我们国人及中国的古人对待问题的思路是有关系的，我们的文化传统比较重视的是整体，是根本，是本质，是品质——有的叫质素，重视的是品格，相对来说，我们不太重视具体的、分科的东西，这点和西方的文化非常不一样。西方文化喜欢的就是把什么事弄得非常具体非常明确，譬如说医学，西医分得非常清楚，不但有内科、外科，然后内科里头现在还又分了属于泌尿系统的，属于循环系统的，就是心脏也还专门有看血液科的大夫……分得非常的复杂非常的具体。而中医更喜欢说阴阳二气，阴阳五行的相生相克，所谓从根本上解决问题，强调全身调理，不是说你头疼了就给你吃点去痛片。

传统文化中的非智基因

对知识的问题也是这样，我们民间也有这种东西，一个就是把知识看得比较具体，所谓什么演算、农桑都是非常具体的东西，认为知识多一点少一点不影响这个大局，而人的精神境界、人的品质、人的和大道融通的程度，这个是解决根本问题的，如果你掌握了大道，这点事自然迎刃而解。所以这种求学的思路确实也非常有趣，我们今天只能说各有长处，各有各的优点。

我们有一种把智力和人的德行、人的品格对立起来的情形，我们在民间故事里头也常常听到这种故事，比如说一家有两个儿子，老大傻、老二坏。傻人都是好人，傻人都是不会说瞎话、不算计别人、不会动心眼的，老吃亏，又肯吃亏又诚实，这样的人当然就是好人。而那个老二心眼特别多，什么好处他都想揽到自己的手里，这样的老二结果聪明反被聪明误。这也是非常有中国特色的一种故事，虽然在国外也不见得没有，就是把智力和智慧、品质在某些时候对立起来。

但是反过来说这个话，又说不通了，因为老子两千多年前写的《道德经》就是大智的产物，当我们说大智若愚的时候，可是没有说只有、必须愚，方为大智。大智若愚表面上看，有大智慧的不会事事显出自己的精明，甚至于有些时候他宁可放弃、宁可不过问、宁可退让，这个是可能的，大智若愚不是愚了才能大智，不是这个意思，那么解释不行。

这种只抓根本的思路有很大的好处，起码在思维上能给你一种满足感，就是说我通过研究大道、研究大德、研究什么『修齐治平』，我找到了、我抓到了牛鼻子，我能够解决世界上的一切问题。它给你一种非常大的满足感，但是也耽误事，因为有些事情是很具体的事情，用抽象的笼统的道理解决不了。

你把智用到了什么地方

老子那个时候所以提倡『愚』，老是讥笑甚至于贬低『智』，还有一个原因就是由于当时春秋战国互相争霸的局面，使老百姓没法过上正常的日子，也就是说离和谐越来越远，离纷争越来越近，所以他看到人的智力都用在什

么地方上了呢？都是用到了纷争上，我要害你、你要害我、我要骗你、你要骗我、我要让你上我的当，你要让我上你的当，老子看到的太实际了，他觉得人还不如傻一点呢，你说一就是一、说二就是二、说吃咱就吃、说喝就是喝。如果是一个和谐的正常的社会，大家安居乐业，而且大家为了求更好的生活而去想一些好的技巧，想多得到一点知识，把知识和技巧放到发展生产上、放到改善生活上、放到提高人民的生活质量上，那个时候这个『智』就是非常可贵的。

在中国的古代历史上，『智』往往会和阴谋混淆起来，这其实不是一般的『智』，他所说的这个智那个智就是阴谋，相反他没有别的智。我们在历史上看到的是：我们缺少那种真正为老百姓谋福利的『智』、怎么样发展生产的『智』、怎样改良人们的医疗状况为人治病的那个『智』，这种『智』不被提倡，而提倡的是一种阴谋的『智』。老子对这种带有阴谋家色彩的『智』深恶痛绝，他简直是愤怒极了，所以他为了和这种阴谋家的『智』作对，就提出一个相反的概念『愚』，但是实际上有许多地方又不是用愚能够解释的，譬如他说的『大成』他说的『大直』，还说了一个『大巧』。『大巧』跟『愚』是完全矛盾的，说『大巧』反倒显得像拙笨——平常我们说词有『小巧玲珑』，小的东西我们容易说它巧，我们说一个人长得个儿不太高也说是小巧玲珑，这个是可以的，相反的我们没有『大巧』这个词，好像大了就应该笨一点才显得有大气。大了又非常巧，显然你就并不大。

中国是一个喜欢『大』的民族，我们是泱泱大国，我们讲究大方、大气、大度，所以我们对这种『巧』的东西有时候抱怀疑的态度，但是老子承认『大巧若拙』，说明他并不一味地提倡『愚』。

老子的非大国主义

第十一讲 小国寡民的乌托邦

今天我们讨论的问题在老子的书里也特别有名，『小国寡民』这四个字今天看来，有点出乎意外，因为今天我们不知不觉地趋向于追求大国、强国，追求进步、现代化、国际地位等等。小国寡民，岂不是国微言轻，自我贬损？尤其他后边说的『鸡犬之声相闻，民至老死不相往来』，就是我能听见你们家狗叫，你能听见我们家鸡打鸣，但是我们直到老死，互相没有什么来往。他这个说法挺有趣，也挺怪。怎么可能过互不往来的寂寞清冷的生活呢？

老子在第八十章里说『小国寡民。使有什伯之器而不用』，就是说我有各式各样的、成十成百的各种器具各种机器，我不用。这一听又有点怪，这什么意思呀，不用工具、不用机器？这个在《老子》里写得不够充分，但是庄子编了一段故事：说子贡看见一个老头浇菜地，浇地的时候挖一条路，往下挖，他抱着一个大瓮，就是一个大罐子，口小肚子大的罐子，下去打上一瓮水，然后抱上来浇在地里。子贡就说，你干吗不用桔槔？桔槔就是一个简单的杠杆，一头粗一头细，粗的这头很重，细的这头弄一个水桶，把它往下一拉，把水舀上来，然后一倒，最简单的一个机器；因为那边比较重，你一放手，它就轻轻地上来了，就这么个东西。这个老农就说，这个我知道，『吾闻之吾师』，我老师告诉我，这很容易做。但是你用了机械，就有个『机事』，比较动脑筋的一些事，有这机事，就必有机心，这样的话你心眼就复杂了，心眼要复杂了，『纯白不备』，你不纯洁了，你这人就不天真、不纯洁了。他说，我宁愿慢慢地就这么一瓮一瓮地、一罐子一罐子地浇水，我也不用机械。

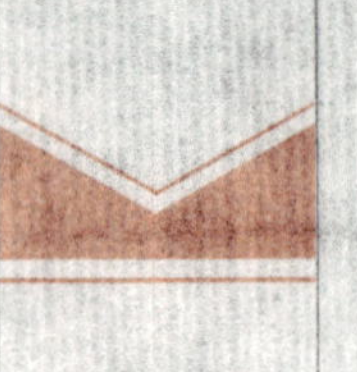

这个说法在今天人看来是相当怪异的，也有的学者、有的朋友们说：中国为什么古代有很好的文明，但是咱们科学技术不发达，到了近代我们就显得非常落后，就因为我们有这个思想——说各种稀奇古怪的机器用多了，人的心眼越弄越多，社会就不淳朴了，就不天真可爱了。

效率与标准化的悖论

这个说法你今天会觉得它非常的荒谬，但是就是荒谬的东西当中，也有可以探讨的东西，今天仍然有，尤其是在西方发达国家，有新的左派、左翼，他们对现代化、对大规模的机械机器的采用所产生的负面影响，仍然有顾虑。

什么都用了机械以后，人就丧失了个性，譬如过去没电视，一台一台的节目都是活人在那儿演。现在有电视，一下子几十万人、几百万人、几千万人——我今儿早上还看新闻说，美国奥斯卡奖收视率统计，今年增加了百分之六，三千四百万人收看了奥斯卡颁奖典礼，加上外国那就更多，几千万人几亿人同时看一个节目，同时议论一个节目。一方面它是极其强有力的传播手段，另一方面它就好像丧失了好多的多样性。

类似的事情还非常多。我碰到过一个问题，就是在西方发达国家的超市里边，它那面包分得特别细，而且都是用电脑控制批量生产出来的，都是按最佳值：里边加水多少，加鸡蛋或者不加鸡蛋，面粉里头麸子含多少，面筋含多少、淀粉含多少，都是最佳值，各种配料极其精确，火候也是由电脑掌握烤多长时间，出来以后全是这一个味儿，如果说有四十五种面包，那就一共是四十五种味，再不会增加了。但是你要是个人自己烤面包呢，这次烤的多点，那次烤的火稍微大了点，四千五百种味都可能，有不确定性，火大了点有火大了点的滋味，你别太焦太煳，火浅一点有火浅一

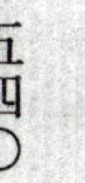

点的滋味。所以对机械机器的大规模使用、对最佳值，有些学者对它们抱质疑的态度。

但是你挡不住这个，我也明确地说，你质疑归你的质疑，他这么干照旧这么干。因为对于经济来说，它又有效率又能够标准化，又能够生产出好产品来，又能节约大量的人力，所以任何人想阻挡也挡不住。但是提出这个问题来，说我有机器我不用，老子够超前的，他几千年以前就提出这么一个奇怪的论点，这个论点值得咱们琢磨。

老子的『非发展观』

你照搬不行，你别说老子不能照搬，搞什么都不能教条，革命导师教导你都不能教条，更不用说老子了。所以咱们就是琢磨他讲的这个道理。

老子下面接着说：『使民重死而不远徙；虽有舟舆，无所乘之；虽有甲兵，无所陈之。』他说老百姓『重死』，重死的意思就是对自己的生命特别能保护，所以他不愿意上远处去，你有船、有轿或者是有车，轿车——这『舆』我还没弄清楚一定是指轿还是指轿车——但是我不用，我坐车干吗，挺远的地方，挺累得慌的，水土又不服；『虽有甲兵』，虽然有武器，我不把它拿出来，不把它陈列出来，那甲兵就是收在仓库里、百年不用的东西。

这又是他的一个幻想，这个幻想里，咱们从缺点上来说，它显得咱们老祖宗也够保守的，他没有开拓精神了，他也不能发展生产了，他和咱们现在讲发展是硬道理就对不上茬了。但是咱们如果硬要从这里头找点好的地方，起码有一条，咱们中国自古没有殖民主义倾向，咱们『安土重迁』，哪儿好？就是我家乡好！咱们中国人真是，现在你到任何地方，所有人都向我宣传『我这儿最好』，说是：老王你买个房，住在我那儿，不行我们给你买去都行。所以他不

开拓，他不殖民，同时他也不打仗。这是理想的，其实在西方传统思想当中，也有类似的谚语，比如说金窝银窝不如自家的草窝。

老子又说『使人复结绳而用之』，我们知道古代没有文字的时候，是结绳记事，现在咱们回过头来提倡结绳，就走不通了。但是我们也想一想，现在西方尤其是发达国家，也在讨论一个问题：信息爆炸、知识爆炸，爆炸了以后你什么都知道了，最后就等于你什么都不知道。任何一件事都有一百六十七种，或者一千六百种看法、一千六百种说法，你知道得越多，你就越什么都不知道。

复杂能不能变成简单

所以让我们研究『结绳而用之』，现在要从社会管理上来说，这是荒谬绝伦的，说我们国家教育部发一通知，从今以后也不用电脑了，也不用毛笔了，也不用铅笔了，咱们大家上学就学系扣，一天多少事，咱们系几个大扣。这荒谬绝伦，但是你要从它的哲学意味上来说，你不能说它毫无可思考之处。什么意思呢？就是世界上最重要的东西是简单的、是朴素的，真正的学问在于把复杂的问题能够适当地简单化。也有一种学问，就是把简单的问题复杂化。我也常常想要把简单的问题复杂化，这可也真是学问，我们经常蒸馒头，馒头熟了，大家都知道什么叫『熟了』，没有一个人对这个有疑义，但是如果要一个学者定义什么叫熟了，他说馒头得吸收热度，吸收热量多少多少才算熟，咬的时候不粘牙，或者是一点牙不粘也不可能，如果你唾液多了，在千分之一毫克唾液的情况下，它的黏合度低于多少多少度才算熟。你要那么一研究，最后你自个儿姓什么你都解释不了了。你怎么解释？我姓王，为什么我姓王，我爸爸姓王，爸爸为什么姓王，我也不知道了，我爷爷姓王，那么爷爷为什么姓王呢，他万一要是当时改一个别的姓呢？

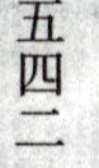

老子提倡的不是把生活复杂化，不是把知识复杂化，而是提倡用最少的信息，来解决最多的问题，用最简单的思维方法，来解决你面对的那些复杂的挑战。这个想法至少有可爱之处，不见得都行得通，本来这事就挺复杂的，但有可借鉴的地方。

紧缩人际关系

老子底下又接着说：『甘其食，美其服，安其居，乐其俗，邻国相望，鸡犬之声相闻，民至老死不相往来。』每个人安贫乐道，都对自个儿的生活挺满意，吃东西吃得挺香，穿衣服穿得挺美，住的那个地方住得挺踏实，从这些风俗里头都能得到快乐，这样的话，我们互相往来什么呢？

说人和人之间不相往来，这又是一个荒谬的思想，怎么不相往来呢？不相往来社会怎么发展呢？不相往来的话，社会一切活动都没有了，教育也没有了、经济也没有了、公安也没有了，吗都没了。

但是人和人的关系怎么样能够保持一个最佳的状态？至少我们可以从另一个角度说：君子之交淡如水，亲戚远来香，国与国也是这样。国与国之间，譬如说中苏关系，像五十年代那样，简直就是——称苏联我们都不称苏联，称老大哥，这准是好事吗？这国与国之间，该保持距离还得保持距离，人和人之间，该保持距离还得保持距离。老子他发现了这点，他提出了这么一些想法，虽然他说的方法比较极端，但是对我们仍然有启发。

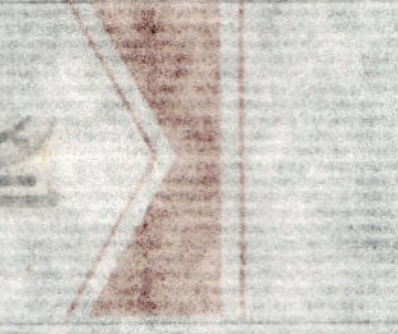

当代的反全球化思潮

这里我稍微拉扯一点，因为老子的这些想法是两千多年以前的，他是针对当时的情况，就是原来的西周到了东周，一个统一的国家，相对来说过着比较简朴的生活，后来诸侯坐大、天下纷争、莫衷一是，各种怪招迭起，诸子百家学问也越来越多。在这种情况之下，老子觉得还不如回去，还不如生活过得简单一点更好。老子是这么想，可是他这个思想，和我们现今二十一世纪和二十世纪末的那个反全球化、反现代或者批判现代性的思潮，又有可以互相比衬的地方。我不能说老子反现代化，老子那时候哪有现代化这词呀！他没有这词，但是他这种思想说明，不管怎么发展、怎么变化，人老是碰到一些不变的问题：发展好还是不发展好？是增加智力好还是适当地适可而止好？是不断地满足欲望好，还是你把自个儿的欲望压着点，别太放肆了好？这种问题，古往今来永远存在着。所以现今也有这种思潮，就是：人是不是要不断地发展？但中国现在还没有权利谈这个问题，中国的发展程度还远远不够，我们还是发展中国家，但是西方已经有这样的思想家、有这样的学者提这个问题。

我们也知道每年像开什么八国首脑会议、开一些大的会的时候，甚至于是WTO的会议的时候，都会遭到那些反全球化人士的反对，斗得凶着呢，意大利还死了一个人，有一年在意大利开八国、七国首脑会议，他们闹得特别厉害，还死了人。夸张一点说，如果世界上的大人物，多学一点老子，会不会总的形势会好一些呢？

什么样的发展才算得上科学

另外，我们从一些小的问题上——『发展』，我们现在说GDP，它是不是就能解决一切的问题？现在有很多稀奇

古怪的说法，我也没有能力来判断它。譬如说你要是单纯从人均的收入来说，那么最好的国家是海湾国家，石油太多了，阿联酋、卡塔尔、沙特阿拉伯，它们是最好的，那么这些国家是不是发展的极致呢？

如果说不发达国家，在中国西藏的南部，从喜马拉雅山翻过去，有一个很小的国家，过去是印度的保护国，现在基本独立了，还没有完全独立，就是不丹。不丹的外交事务仍然由印度负责掌握。不丹的国民收入比中国低得多，可能是一半或者还低，但是它的幸福指数，有说是全世界第一的，也有的统计说它是全世界第二的。那个地方的老百姓生活真是非常的自在，也没有什么其他的要求，那个地方连狗都绝对不咬人的，因为狗是公有化的狗，街上都是狗，从来不叫。狗怎么公有？就是没有任何人养狗，狗是全民都养，都喜欢狗，见了狗就给吃的，所以对狗没有私有观念。你走到大街上——我都碰到这种情况，满街都是狗，我是非常小心，因为我小时候被狗咬过两次，我怕狗，但是我也没办法，大家都在那儿走，我一脚踩到狗尾巴尖了，它『嗷』这么一声，我赶紧把脚抬起来，它连睁眼都不睁，它对人没有任何的恶意。原来连狗叫、狗龇牙这个现象，它都会跟着社会环境的变化而变化。所以有人说它那儿是全世界最幸福的。

或者还有人说：也不是特别大的国家——瑞士是全世界最幸福的国家。当然了，什么叫幸福，什么叫幸福指数，幸福指数可靠不可靠，不能说是大家都是同一个看法。

我们再拉扯一下——这个『小国寡民』的说法，帮助我们从一个侧面理解科学发展观，就是说发展不是单纯地看数字，你要单纯看数字，中国从人均收入上说，想赶上发达国家，在可以预见的未来看不见，但是我们不能因为这个

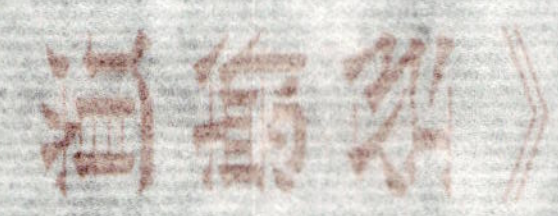

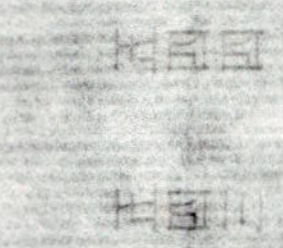

就灰心丧气，因为毕竟我们还有我们自己的文化，我们有我们自己生活的方式。所以这『小国寡民』虽没有太足够的可操作性，但是有思辨的价值、有补充的价值。

人类能不能返璞归真

类似的这种对小国寡民的幻想，还不仅仅是在老子那个时代有，从来在中国，乃至于在外国都有这么一种想法，就叫做返璞归真，就是希望回到人类文明早期的那个状态，而不要弄得社会管理、科学技术、从住房到穿衣都这么复杂。其中比较有名的在中国就是对『桃花源』的幻想，晋朝的时候，大诗人、也是归隐田园的陶潜——陶渊明，他写了一个《桃花源记》脍炙人口，至今人们仍然为之神往。他说一个武陵人捕鱼为业，顺着小溪走，忘了路之远近，看到了桃花林，看到的地方这么漂亮，这么好，走进了桃花林以后，看到一个山，山有良田、美池、桑竹之属，阡陌交通、鸡犬相闻——这个很有意思，『鸡犬相闻』，陶渊明也用了鸡犬相闻这四个字，和老子说的一样，可能是受了老子的影响吧；男女衣着悉如古人，他们穿的还都是最古老的那种服装，见渔人大惊，说你是从哪儿来的？然后招待这个渔人，又杀鸡作食，设酒——酒宴，他们都是自己酿的酒，绝对不可能是XO，也不可能是茅台了。然后告诉渔人，说他们当时是在战争中避秦时乱，就是为了躲避秦朝时候的乱局——他指的是秦始皇的暴政，还是秦朝统一中国所付出的那个代价，这我就说不清楚了——所以他们就跑到这儿来了。『不知有汉』，他们说不知道秦已经结束了，已经有了汉朝了，『无论魏晋』，更不知道还有什么魏晋南北朝这些了。渔人觉得这地方特别可爱，渔人离开了以后又有很多人去找，再也找不着了，所以有世外桃源之说。世外桃源令人向往。

譬如说我们现在都知道一个词『香格里拉』，现在北京阜成门再往西边走，海淀区有香格里拉饭店，世界各地都有香格里拉饭店。这香格里拉据考证说最早是藏语，它的含义好像是美丽的月亮，现在云南还有一个县正式申请而且得到国务院的批准——它也有它的根据——把它那儿命名为香格里拉县。这地方比较远，那儿的一些风俗习惯、衣食住行都保持着一个前现代的状况。现代人特别喜欢这种地方，而香格里拉这个词之所以能出来，是一九三六年一个英国人在小说中用了这个词。我们还知道有一首歌《那美丽的香格里拉》，就好像是世界上有一个和这世界没有关系、和现代化没有关系、和全球化没有关系、和战争没有关系、和外交没有关系、和邪教没有关系、和金融海啸也没有关系的那么一个远远的山里边，那里的人就知道唱歌跳舞，树上结了果就吃，地里粮食收了就吃，男的女的一见面相爱就结合。多棒啊！有点像伊甸园。

我想起美国有一个作家叫梭罗，他写了《瓦尔登湖》，这《瓦尔登湖》迷住了许多许多的人，梭罗住到瓦尔登湖边上跨过了两个年头，他是夏、秋、冬、春整整四个季节，自己一个人在那儿生活。他提出来人的欲望——我下边还要讲成为人的重负——他提出来对城市的批判，很有点跟老子也能对接得住，有点『大道废，有仁义；六亲不和，有孝慈』的那个劲儿。他说城市到处都散发着一种恶劣的空气，他说人最可怜的就是自己活了一辈子都不知道什么叫活，他说他到了瓦尔登湖边上才开始明白什么叫活。中国有一个年轻的诗人海子还专门为《瓦尔登湖》的作者写过一首诗，这本书在中国也非常地畅销。所以说，这种对于小国寡民的幻想，它是不是也和对于世外桃源、对于古朴的生活的幻想是相通的？

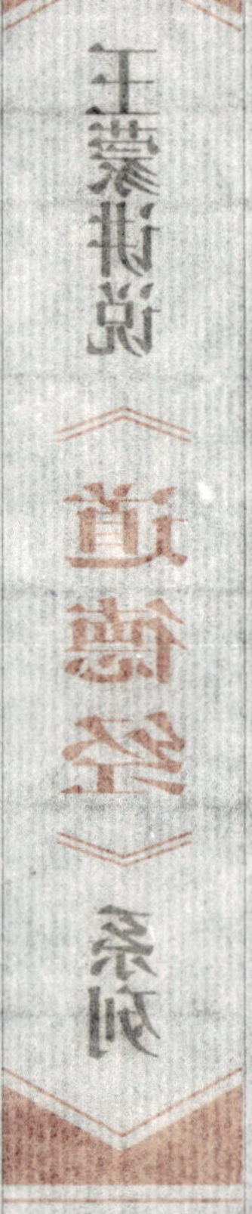

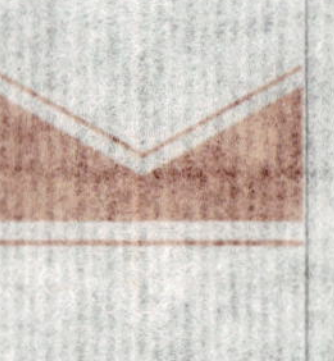

不幸的是，也有人说梭罗是由于自己的行为找上了清教徒道德上的麻烦，才躲到瓦尔登湖那边去的。

欲望的满足与控制

美国这个作家提出了一个问题，这个问题实际上是中国的学者、中国的古人提的，就是『欲望』的问题，这个问题全世界的学者都研究：人是有欲望的，没有欲望，这人就死了。可是这些欲望到底带给人的是快乐多还是痛苦多？我们中国的传统文化倾向于对欲望多加批评、多加责备，希望每个人都控制自己的欲望，甚至于到宋朝还提出了『存天理，灭人欲』的主张。当然对『灭人欲』也有不同的解释，但是不管怎么解释，『灭人欲』这仨字让你一看也有点肝儿颤，因为你想吃好的，这也是人欲，你见到了异性多看两眼，这也是人欲。所以人有欲望，好像天性。但是宋儒就把天性和人欲对立起来，他说天理就是圣人讲的那些道理，那才是天性，而你的欲望是破坏天理的。

老子也讲了很多这方面的道理，他说『我无为而民自化，我好静而民自正，我无事而民自富，我无欲而民自朴』，就是我什么事都不干才好。这样的话，老百姓就自然而然走上被教化的、很自然而然的、淳朴可爱的道路。『我好静』，我不折腾，我不出事，老百姓就各归各位，该干什么干什么，我不去干预，老百姓自富，因为每个老百姓都愿意自己富足。这和前边说的又有点矛盾了，但是那意思是你管的越少就越富足。

『我无欲』，从圣人来说，从上边来说，你不要有很多的贪欲，这样民风会变得越来越淳朴。这也是老子的一个想法，他说『夫亦将无欲。不欲以静，天下将自定』，他在另一章里说如果你无欲，天下自然而然就比较安定，如果你又想干这个又想干那个，想很多你干不了的事，你这不是就乱起来了？这是他比较有名的一句话。

他在第十二章里说『五色令人目盲』，说人的眼睛是怎么瞎了的——目盲不一定指生理瞎了，就是你的视觉能力是怎么下降的？因为五色缤纷颜色太多了，晃来晃去，越晃越傻，越晃越糊涂，越晃越晕，你晕菜，挑花眼了，看东西太多了不知道选哪个。

甭说看东西挑花眼了。咱们在这儿做电视节目，我有时候会想，比如说我在新疆的时候，一九七五年我买的第一台电视机，那时全自治区就一套节目，那时候看什么看得可有意思了，《春苗》我起码看过六遍，《决裂》我看过八遍，《寂静的群山》要不就是《动荡的群山》，我已经忘了，我看了也有个六七遍，而且我们那儿看着看着就停电了，过一会儿来电了，上边写上『停电』俩字，有时候看着看着忽然没了，又过上十分钟又出来了，写『故障』俩字。那时候我闺女还没上小学呢。她最早学会的四个字：一个是『停电』、一个是『故障』。有时候想起来那么看电视，好像也有一种乐趣。现在电视好像六七十个频道，噼里啪啦在那儿找，最后这一晚上光剩下找节目了，没看电视。

遥控器是不是灾难

我们对这个还不算认真，美国有专门研究这个的，研究这控制板、遥控器 remote。美国人把这个上纲，他上得邪，他说这 remote 使得一些青年人见异思迁，没有耐性，没有责任感，说这种 remote 习惯甚至于影响到他不重视婚姻、不重视家庭、不重视父母，他什么都来回换，他一分钟可以换三次，回头找对象，也是一分钟——换不了三次，他三天换一次，这你也受不了。不仅如此，一个调查说：常看电视真的会影响小孩的注意力，因为即使你不来回换频道，就看一个频道，电视节目画面也是变化得太快。你到了课堂上，看来看去就是老师一个人，对老师讲的东西就容易走神，

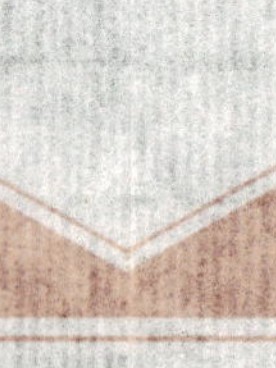

影响注意力的集中。美国有的学者甚至认为控制板会毁坏一代人。

饶了吧，音乐

所以老子说『五色令人目盲，五音令人耳聋』，这种事现在更多，现在那什么MP3、MP4的，都有MP5了，你是骑着自行车也好、上了电车也好，甚至于开着车也好，『随身听』音量弄得非常之大，对耳朵确实有损伤。在最新的《读者》上，我看到台湾诗人余光中有一篇文章叫《饶了吧，音乐》，他也说台湾现在到处都是音乐，你上出租车，车上声音弄得非常大，他说台湾有一个著名的音乐家上去以后，就请出租车上『的爷』、『的哥』把音乐音量给捻小一点儿，的哥就不屑地说：原来你不喜欢音乐。他是音乐家，是真正的音乐家，是作曲家，但是音乐变成了噪音。

『五味令人口爽』这个『爽』字好像不是按现在的意思，现在这个爽是褒义，是好，是舒服的意思，他说的『五味令人口爽』是不是让你长口疮？至少是让你味觉麻木，反正不是好事。

简朴永远是美德

老子讲了很多很多这一类的事，对于今天的人也是有意义的，因为你不要一味地追求起来没完没了，真正有文化、有身份、有地位的人，他们生活的另一方面是相当的俭朴。现在相反，要吃也得往邪了吃，往怪了吃，要听也要把声音、要把高音喇叭、要把那大贝斯（低音）都拧到最高处，要让人知道我们家就跟摇滚乐、就跟迪厅一样，我们天天蹦迪，那绝对不是真正——那是暴发户，那是要学问没学问、要资历没资历、要修养没修养的人——其实也像老子所说：这个也不可能长久。

所以老子就说『祸莫大于不知足，咎莫大于欲得』，最大的祸害就是你不知足，你最大的错处、最大的毛病就是你老想得到什么东西，你本来是挺好的一个人，你要一想得到什么东西，你就得降低了你自己，你就要低三下四，你就要曲意地去逢迎别人，你就保持不住自己的纯真。

老子所以说『咎莫大于欲得，故知足之足，常足矣』。这些说法，我觉得在今天是有意义的，特别对于咱们进行反贪倡廉的教育，是有好处的。我们想想那些被枪决了的贪官，他们很多人本来是贫苦出身，在他们的少年时代、年轻时代受过清苦，经过苦学也有相当好的表现，但是一旦升到一定的位置以后，他们可真是『五色令人目盲』，五色让他们眼睛都瞎了；『五音令人耳聋』，各种视听的享受使他们耳朵都聋了；『五味令人口爽』，各种的味道，让他们吃什么都吃不出味儿来，都走了味儿了。这样的例子真是太多了。

学会掂量，学会舍弃

所以老子又说『名与身孰亲，身与货孰多，得与亡孰病』，他说你应该考虑考虑这个『名』和你自己的本身，究竟哪个更重要，哪个对你更亲，你不要太求名了，你太求名了，你又丢人你又出事。你要想一想身与货，你自己的身体、你自己的人，跟那个物质财富，哪个对你来说更重要、更值钱、更有价值。『得与亡孰病』，你得到这一点，可是你为了得到这一点丢掉了自己的人格，你丢掉了自己的尊严，你丢掉了自己的自由、乐趣、快乐，这样的得失相较，你自己为什么不考虑考虑呢？所以老子说的这些话，尤其这一段的话，给人一种历久弥新的感觉。

类似的话梭罗的书里边也有。另外，印度在这方面也会给我们很多启发。印度甘地的坟上有一个石碑，石碑上写

学会满足，学会舍弃

着他的两句名言：『High thinking,Simple living.』——高深的思想，简朴的生活。甘地还有一个名言说得更好，他说：大自然能够满足人类的需要，但是不能满足人类的想要。你想要的东西多了，但你需要的很简单，一个人能有多么了不起的需要？你一天吃的东西大约三千大卡，是不是？反正你吃太多太多，你就得糖尿病了，总之就是三顿饭，一天也不能吃八顿。所以甘地本人是做到了这一点，当然印度有印度的条件，他身上真是就披个片儿，中国人叫片儿，连说是衣服都很难说，因为它没领子没袖子，把这上身稍微挡了一下，下身该遮掩的地方遮住，印度它暖和，其他什么都可以不要。

一个有名的故事

这样的哲人，当然我不能完全做得到，说我今天穿着甘地的服装来讲这一课，那也算一绝了，成新闻了，弄不好送安定医院去了。但是他这意思、这想法也是值得考虑的。当然东方的这种思想要发展得过梭了也要命、也麻烦。有一个故事，是当时还叫『西德』的大作家、诺贝尔文学奖得主Heinrich Böll海因里希·伯尔写的，这个小说挺奇怪，题目叫《一个关于劳动生产率下降的故事》，让你以为是经济学论文呢。里头写的什么呢？就是说一个老头在那里辛辛苦苦地打鱼，旁边树底下一个小伙子枕着一个土疙瘩在那儿呼呼大睡，打呼噜。鱼那天特别多，老头忙不过来，就叫：『小伙子醒醒，别睡懒觉，帮我打鱼，我给你钱。』小伙子说：『我给你打鱼干什么？』『我给你钱。』『你给钱干什么？』『你有了钱，就可以过幸福的生活。』小伙子说：『我告诉你大哥，我在这儿河边上，清风底下树荫里头睡觉就是我最大的幸福，何必帮你打了鱼挣了钱再去找幸福，用钱买不来幸福，我这才是幸福呢。』我看了这个故事不觉得特别的奇怪，后来过了十五六年，我去印度，印度人就跟我说，我们这儿有这么一个故事，一模一样，说我们印度人不着急。还有一个，也是德国的一个汉学家跟我说的，他说中国人搞现代化有紧迫感，可是他觉得在印度那儿没有这么紧迫：现代化就现代化，不现代化就不现代化，你挣得多，你就挣你的，我挣得少，我就挣我的完了。这和印度的种姓制度有关系，他们认命，他们出生就分三六九等，他说我就甘于是最下层的——也可能有这个关系。

后来我又去非洲、去喀麦隆，这是法属的一个殖民地。喀麦隆人给我讲故事，这仨故事一样，所以我觉得这绝了。我估计海因里希·伯尔可能也从什么地方借鉴来的这故事，听起来真的很熟。我们中国肯定也有类似的故事。

但是这个故事我听了以后，觉得很庆幸，我觉得我们中国并不都是这种思想，我们中国毕竟还有儒家的思想，还有所谓『天行健，君子以自强不息』，我们还提『苟日新，日日新，又日新』，我们是让人奋进的、让人努力的，多亏还有这样的思想传统。那个天天睡觉，回去拿绳系扣、甭写字的思想成不了主流，咱们国家现代化了。但是我们也不能不认真地来面对：幸福并不完全是从生产力、从GDP——不仅仅从这一方面得到，我们还要考虑到人民本身对幸福的感觉。

发展与幸福

还有一个说法，说近几十年来、第二次世界大战以后，科技的发达简直是突飞猛进，可是人的幸福指数并没有提高，或者说至少不以那样的突飞猛进的速度提升。像类似的这些问题，解决不了也没关系，我们也想一想。想一想有什么好处？我们自己来一个互补：我们该努力的时候、该奋进的时候，我们多想想『天行健，君子自强不息』，我们要与

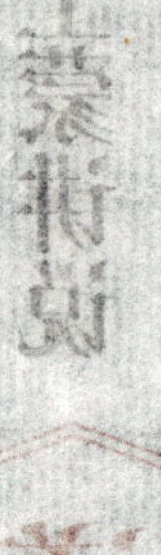

时俱进，我们不能安于现状，我们也不能懈怠、不能懒惰。但是我们奋进了半天，譬如说还不行，我们也得从另一方面看到：我尽了力了，我也很快乐，我很正直，我过着一种相对比较简单、比较纯洁的生活，我觉得我很满意于我的生活——我们从这个角度看也还不错。

至于其他谈论欲望的多了，佛教也讲：贪欲生嗔怨，嗔怨生烦恼。叔本华也讲：人的痛苦是由欲望而产生的，所以王国维解释《红楼梦》就是用叔本华的思想。他认为《红楼梦》写的就是欲望所带来的痛苦和烦恼。我们也不妨从另一面来考虑，因为我们中国也有这方面的问题，对于人的正当欲望，设立太多的一道一道的防线，非把它死死地给卡在那儿，这并不是一个最可取的办法。譬如说中国过去，尤其是对女子讲三从四德，寡妇都要守节，饿死事小、失节事大。这就是对人类正当欲望的一种挑战，是一种自戕行为，是自毁自己生机的一种行为。所以我们在批评欲望、克制欲望的同时，当然不是要自己把自个儿往死里整，不是那样一个态度。

向后看

老子还有一个有意思的想法，我说是历史上的『向后看』。人们模模糊糊地会有一个想法，认为古代比现代好，越古越好，孔子也是一样。那个时候的人，春秋战国时候的人，认为周公的时代，西周的时代，武王伐纣刚刚成功以后的那个时代，是天下的黄金时代，所以他要进行道德的教训，就是希望国家能够回到周公的时代，甚至于做梦都梦见周公。这就是向后看，他老觉得太平盛世是什么时候？是过去、是从前。

我今年七十五岁了，我从小学就听见一个词，老师教给我们的，写在黑板上的，叫『世风日下，人心不古』，世

风就是社会风气，是越来越坏；人心不古，现在哪像古人那么真诚，我们中国有个词叫『古道热肠』，古人、自然经济里的人是非常淳朴、心肠是非常热的，而随着生产的发展、社会的发展，古道热肠就没有了，老是这么说。我觉得对于文学家来说，这特别容易理解，为什么呢？文学家讲人的感情，讲主观心灵的反应。我有时候把一个问题说得可能过于简单了，我说人为什么喜欢怀旧，一个很简单的原因就是你旧时比现在更年轻，我们往往会认为童年时代是多么快乐啊！其实你童年时代准快乐吗？但是你想，童年你很天真，罗大佑的歌曲歌词《童年》我不会背，但是他说得很好玩啊，什么『知了它声声叫着夏天』，多好啊！我们都知道在中国、在全世界都是很普遍知道的舒曼的《梦幻曲》，它原名不是《梦幻曲》，是childhood是《童年》，它是用这种梦幻一样的心情回忆童年。

相信在上古时期，有一个最幸福的生活、最美丽的生活、最单纯的生活，某种意义上我认为是一种文学性的想法。这种想法有没有一点点学理的或者科学性的意义呢？我想有，还不止一点点，为什么呢？我们不能简单地用进化论的观点来看待社会、看待生活，比如现在科学技术发达了，生产效率也高了，但你能说现在人的手准比古时候巧吗？我们在马王堆发现的那些丝绸，我们在汉墓发现的那些壁画，我们还有什么金缕玉衣，还有在西安发现的铜车马，现在的人准能做得出来吗？尤其是有些纺织品，我请教过纺织专家，他们说做不出来，它是手工的，就是做不出来，机械是不能完成的。所以你不能简单地说，人就只能是往前走。第二个就是：你在发展、进步、向前走的过程中，要付出一些代价，你不要认为是没有代价的。你从童年变成少年，从少年变成青年，从青年变成壮年，从壮年变成老年——我也不提死亡，你以为就没有代价吗？你成了少年了，但是你童年、学龄前的那种快乐，那种除了玩儿以外什么别的事

都没有、什么都不知道的那种快乐，是绝对没有了。我已经发现，比如说随着生活的提高，我的一些孩子，他们也在改善自己的居住条件，有的是分了、有的是购买了新的房子，但是我那些孙子们，他们对新房一点兴趣都没有，他们愿意在院子里疯跑，他觉得很好，他说我们在这儿很好，多少平方米跟我有什么关系。可是你要是一个青年，你要是一个成年，你就知道了，不但住房，我还要住得舒服，我还要跟人家比：他们家住一百五十平方米，我们家只六十平方米，我抬不起头来。他就有这种思想，所以什么东西都有代价。还有环境上的代价，还有趣味上的代价，还有手工上的代价，还有体力上的代价，如果人什么都靠机械了，原来最精密的很多工作，现在都在电脑上完成了，你的手艺不等于在往后退吗？

对朴素的向往与怀念

我去访问伊朗的时候——伊朗是一个特别重视手工艺的国家，它做一些小铜器，它有些自己的很稀奇古怪的镶嵌的一些东西。据说当伊朗人将这样的工艺品赠送给一个西方大国的客人的时候，接收礼物的人说：我们国家不会有人干这种傻事的，我们要讲效率，我们要争分夺秒，我们要用最短的时间创造最高的价值。我确实觉得——我不是说西方发达国家就是这个stupid——这是一种野蛮，如果说您不知道什么叫现代化，这叫野蛮。你自以为你现代化了，你不知道什么叫奉献，不知道什么叫手艺，不知道什么叫向往和追求，你说这人是不是也有点野了？缺点儿文化、缺点儿教育，让他多听两次咱们《中华文明大讲堂》，可能也对他有参考作用。

讲到这个问题，我就提到老子的一个概念，就是『朴』，朴素的朴，朴的原意是指木头，它是木字旁，就是原生的木头，可能也没去皮、也没加工的木头，就叫做『朴』。老子给『道』不轻易下定义的，他说过『强为之名曰大』，同时也可以管『道』叫『朴』。他还说过『天得一以清』『道生一』，有的地方又说『道』就是朴，道就是朴素，道就是原生状态，道就是你该什么样就什么样，道就是你别加工、你别包装，保持最早的那个原始状态。这个『朴』他讲的也是挺好的。在很多地方他都没完没了地讲『朴』，说人能够做到。这也是一种向后看。老子提出了最理想的状态是婴儿的状态，人要像婴儿一样没有坏心眼，饿了就哭，难受了发烧了就闹，没事你就好好睡觉，奶头来了你赶紧叼上。你要跟婴儿一样，没有粉饰没有虚伪没有恶意，也并不刻意对自己进行保护。我想这样一种对『朴』的理想也决定了老子向往『小国寡民』，小国寡民就『朴』。

我们为什么在这几年特别喜欢听所谓原生态唱法，这原生态唱法既不必练成那种美声，也不必加上很多扭扭捏捏、嗲声嗲气；你就这样喊，你该哭就哭，该叫就叫，它比较贴近自然的状态。平时你去某个地方，也许走在路上就能听见当地人的这种演唱。朴的观念其实也是被国人所深深接受的。

老子对人生的这些体悟里头，包含着对朴的提倡。但是我要加一句，你也别太迷信『朴』了，『朴』的结果如果是太没有知识了、太没有文化了、太没有应有的现代科学和各种概念的武装，也会犯很多错误。我有长期在农村劳动的经验，我就知道，农民对事情的判断一开头那个最朴的判断不一定是最正确的判断。现在啤酒、葡萄酒在农村里也非常流行，可是一九五八年『大跃进』的时候，我在咱们北京门头沟区斋堂军饷乡桑榆村劳动的时候，好几个农民就跟我说，你们怎么喝啤酒，那不就是马尿吗，说颜色、味道都一样啊；说你怎么还喝葡萄酒，那是酸泔水。现在他们

已经不那么说了。

阿Q的经验与教训

《阿Q正传》也特别有意思，阿Q去了几趟城里，回来就嘲笑说城里人太可笑了，未庄管长凳子叫长凳，城里人叫条凳。这说的是当时绍兴，但是条凳在北方、河北省我们家也说条凳，稍微长一点儿的是凳子。阿Q笑话说城里人什么事都不懂，管那玩意儿叫条凳，那不是长凳吗！另外说煎鱼，煎鱼在未庄是加大葱叶，说城里人——他说的「城里」是不是绍兴我也不知道——是加切细的葱丝，又被阿Q笑话了。但是鲁迅很损了：阿Q一边笑话城里人，一方面又笑话未庄人，说你们连城里人管这个叫什么你们都不知道，城里人怎么吃鱼你们哪儿知道，我见过，你没见过，我没吃着，可是我见过，你们连见都没见过。所以阿Q就有点儿优越感了。

我们还可以找许多许多不雅的例子，我这儿就不举了。

由于无知，仅仅有一个「朴」字，你会对世界、对你的经验以外的东西，做出错误的、愚傻的甚至是搞笑的判断。所以一方面我们尊敬「朴」，喜欢原生态，一方面我们该学还得学，该求知还得求知，该增加自己的见识还要增加自己的见识。

（答观众提问）

观众：王老师您好。老子在理想中描述了小国寡民的社会图像，请您给解释一下什么叫所谓的「小国」、什么叫所谓的「寡民」？谢谢您。

王蒙：我所理解的他说的「小国」，指的就是在当时的「国」，跟我们现在理解的中华人民共和国不是一个概念。那时候齐国、魏国、秦国都是国，小国指的恰恰是规模比较小、不想争霸权、不想当龙头、不想把别的国都灭了的这样一个国。「寡民」就是指老百姓，人也不是特别多，「寡」在这地方是少的意思，人也不算太多，国家规模也不大，更没有任何的野心。在这样的一个国家，过日子比较舒服，我想他大概是这个意思。

观众：王老您好。通过今天《中华文明大讲堂》节目，我们对老子有了更加深刻的认识。我想请教您一个问题：我们将如何在当今这个时代把握人际交往这个度？谢谢您。

王蒙：老子侧重于说人际交往之间会带来一些危险，还有人和人之间有时候会有机心，会用智谋，他是不赞成的。但是老子没有说另一面：人和人是应该有交往的，是应该有沟通的，而且知识应该是流动的，见解、思想、技术都是流动的，因为技术要不教要不学，永远学不到的。所以如果说是能够把握住人和人之间——像孔子所说的「三人行必有吾师」——注意人和人之间互相的学习、互相的帮助，同时能够克制人和人之间的恶性的，或者是利用拉拢、或者是动心眼损害别人的利益这些东西，我想那就会有一个比较健康的人际关系。

观众：王老您好。我想老子在他长大的过程中，应该是看到了一种新的器具什么的出现，它比较方便，人们都会争相用之，而不是有器而不用，但是他还提出小国寡民、清静无为这些思想，跟这现实是有点背道而驰的。我想问的就是：他还提出这种思想，是因为要表达自己理想中的社会，还是想通过自己对这个社会的描述，来对人们有个提醒，提醒人们在发展的过程中，应该保持住那种自然朴实的本性呢？

王蒙：我想老子那个时候也还考虑不到发展，而且那个时代很难说是一个谋发展的时代，那个时候是一个争夺的时代、是一个战争的时代、是一个争霸的时代。老子的特点就是：他从来都不是社会的主流思想，他带有一种逆向思维的特点，他对这个社会实际上是有所批评，他甚至于想拉住这个社会发展的脚步，拉住它的腿，他有这么一个用意。他认为他的见解特别的高明，这个后边我们还讲，但是他的这种高明又不可能被实际的操作者、被他所说的君王或者是圣人所接受，所以这是老子和现实之间的一个很大的张力，而且这种张力不仅仅是在过去。不管什么时候，老子的这一套都非常美好，也都非常有价值，但是他又很难成为一种意识形态，或者是一个国家的主流、占有主流的位置。所以这个正是我们待会儿休息以后所要讲的话题。

观众：王老师您好。我是一个非常喜欢文学的青年，能够见到您非常的荣幸。今天的确是有一种展开了广阔思维的那种感觉。我想问的就是：小国寡民这个思想，对我们中国来说，现在从国家的高度来说，我们在强调复兴，小国寡民——大国怎么样呢？谢谢。

主持人：你的意思是：大国是不是就得多民？

王蒙：我想这个大国和小国是不能够人为地来制造的，说由于我们学了小国寡民的思想，把中国给搞小了，这个是不可能的，而且要这样做，国家也不允许你，老百姓也不允许你。我们只能够体会老子那个精神。他的精神就是：在我们急速走向现代化的时候，我们对自己的思想有一个补充，譬如说克制贪欲，譬如说保护自然，譬如说挖掘各种淳朴的东西、挖掘各种非物质文化遗产，保护历史，保护我们的文物，同时我们本身也不应该有任何轻视小国寡民的

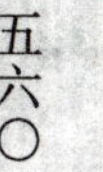

这种思想，因为现在世界上还有这种很小的国家、很小的地方或者相对不发达的地区。我们都要从他们身上学到一些我们能学到的东西。我想这个都是有可能的。一切都值得我们借鉴，老子也是我们的借鉴，不丹也是我们的借鉴，摩纳哥也是我们的借鉴，当然美国、俄罗斯也是我们的借鉴。

第十二讲　老子智慧的快乐与烦恼

老子的智慧无可争议

让我们谈谈老子智慧的快乐与烦恼。对于老子的学说虽然是自古以来就有赞成的、也有批评的，甚至于有痛斥的，像朱熹说『老子之心最毒』等等给扣帽子的都有。但是把老子当做一个非常有智慧的人来看待，这几乎是没有什么争议的，而且他的智慧深不可测，就像《史记》上记述孔子对老子的印象——虽然这可能是传说——说老子像龙一样，可以乘风云上天，神秘莫测、变幻多端。老子的这种智慧不仅使他影响了中国几千年，至今我们还有人在读老子，还有像我这样的业余爱好者来探讨老子，就是在国外，老子可以说是中国的哲学家里影响最大的一个，可以说是我们中华文明的一个骄傲。他独树一帜、与众不同，言简意赅，他的理论真是高深莫测，你在别处找不着这样的理论，但是人们尤其是华人的思想观念中与老子相通的地方又很多。

像老子叙述的这么全面这么成为一套，而且它又简短得不得了，只有五千多字，这样的哲学作品，简直不可思议。按现在我们做文学的人、吃文学饭的人来说，这五千多字只能算短篇小说，连中篇小说都不能算，要是遇

到比较损的编辑或者出版单位的话，按一千字二十块钱来算的话，它这五千字只能得稿费一百元，如果要是现在稿费高的、有能到百元左右的，也不过是五百元。五百元是不是属于低保的范围？但是他的智慧又是那么高耸、那么概括、那么无所不包，你不能不佩服他。甚至于他的学说还影响了一个宗教——就是只有中国才有的道教的兴起，所以他绝了。

通向终极的悟性

老子的智慧有一种什么样的快乐？关键就在于他的智慧是一种终极智慧，他所关心的问题是终极问题。所谓终极问题是什么呢？就是它不限制在你的生活经验的范围之内，而是到了你的经验之外。譬如说世界是怎么来的，世界会变成什么，一切的主宰是什么，一切的总的决定性的因素是什么，一切的基本规律是什么，基本的观念、基本的关键是什么？

中国人常常有一种想法，毛泽东主席也常常讲的，就是要抓住关键，要抓住牛鼻子，说你要是抓住牛鼻子，你把这牛一拉，牛就可以拉过来了，你要抓住牛尾巴是拉不过来的，弄不好还能让牛给踢了。所以终极的观念是什么呢？它往往是人类的那些最根本的问题，是无法用逻辑、经验、计算和实验室的实验来证明或者证伪——就是证明有错——你无法证明的这些问题。世界各国都有所谓终极关怀、终极的讨论或者终极的学问这样的说法，西方把这种终极学很明确地定名为神学。

为什么呢？因为这个就是我刚才说的，既不是靠推理能推出来的，也不是靠实验能证明或者证伪的，还不能靠计算，它也不是计算出来的公式，所以说它是神学。怎么解决这个终极问题呢？靠的是信仰，譬如说我信主、我信佛、我信上帝，信了以后我心里踏实多了，我得到了许多的安慰，尤其是遇到了困难、遇到了生老病死，我一想到这是主在召唤我呢，我踏实了。这里的真伪对我来说是没有意义的，也是无法证明的，因为我也不可能死了以后回来，跟你们讲我这次死后见到上帝了，我没法说，没有人给你讲这个。

通过思辨与感悟走近终极

老子的独特之处是什么呢？他不是去创造这样一个像主人一样的神，也不是过分地强调信仰与崇拜，强调匍匐在地的激情，而是通过思辨创造一个比主人还主人的概念。他创造、或者是他致力去发现一个比主人还主人、比终极还终极、比天还高、比海还深、比宇宙还大的一个存在。既是存在又是本质，既是概念又是规律，既具有神性又具有理论性，他创造与发现的这个存在加本质的概念就是『道』。

所以我想，我们可以设想当老子论述这个『道』的时候，他心里多么有底气，他有主心骨，他有一种至上感、澄明感与优越感。就是：我明白了，我够得着了，我一通百通了。我讲的是最高的『道』，小道理很多，不一定什么都说，请注意，《老子》一书中根本不谈具体的人、地域、事件、业务。但是他说的是至上的『道』，抓住至上的道理了，小问题说不清楚没有关系。

这也是非常中国式的思维方式，外国人是你有一点错都不行，A就是A，B就是B，你的A错了，B再伟大，无补于A。你是拳王，但你有了刑事麻烦，照蹲班房。你是足球先生，但是拖欠了给前妻的赡养费用，照旧拘留。反过来说，你

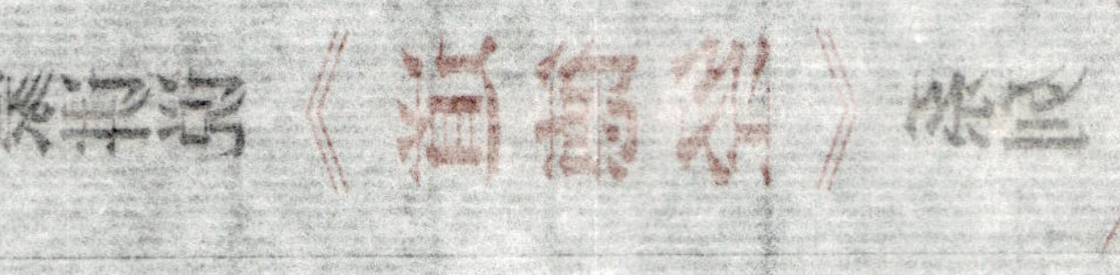
王蒙讲说《道德经》系列

因为具体问题有过服刑或被拘留的记录，很少影响你今后的形象与前程。这方面的看法，在中国就会有很大不同。中国人认为我抓的是最根本、我抓的是最高级、我抓的是最上层，至上，小问题没关系。

你能理解九方皋吗

所以中国有的这种故事，外国人是无法理解甚至于是无法原谅的，比如『九方皋相马』：伯乐老了，君王说你给我推荐一个能相马的人，会看马会判断千里马的人。伯乐说，最好的，比我还强的是九方皋。于是秦穆公就让九方皋去找一匹千里马。九方皋回来后说：千里马我找着了。君王就问：什么颜色的？他说褐黄色。是母马是公马？他说是母马。等到马牵来以后，跟他说的相反，不是黄的是黑的，不是母马而是公马。秦穆公就很烦，说伯乐你弄这么一个粗枝大叶的马夫给我相马，他连最基本的情况都给我报告错了。伯乐说，真想不到他已经这样精深高明了，这正是他的伟大呀——这说得有点矫情——正是他的伟大，他注意的是它是不是千里马，毛色什么样，他管那个呢，他又不收购马毛，也不用马毛做纺织，管颜色干什么？公母也不管，因为并不是来搞配种，要的是千里马，你君王需要的是千里马，这个是千里马！他能忽略表层，专门判断是不是千里马。

大道的至上感与优越感

所以老子就有这点，大的道理我给你讲通了，我有一种至上感，有一种优越感，有一种万物皆备于我、一通百通、一顺百顺、无所不知、无所不能的感觉，这种感觉研究别的学问是不会有的。所以我们可以设想老子，他的『道』的提出，超越了宗教又包含着宗教，超越了哲学又包含着哲学。

如果用老子那一套理论的话，对许多问题会有所超越、有所新意。譬如说保罗·萨特在法国讲『存在先于本质』，对于老子来说，最根本的存在就等于本质，无须分辨孰先孰后。老子认为，『朴』就是本质、『朴』就是原生态，原生态的存在就等于本质，而这个本质就是道。这是有些个道理的，比如研究好一个原生动物、一个单细胞生物，你就能够掌握生命生物的基本法则。研究好一个受精卵，你也就掌握了此后的变化与发展。研究一粒种子，你就能掌握大树、森林或者农田。按照老子的想法，世界的起源就是道，世界的恍兮惚兮状态，就是道。

而我们说的『得道』，就是找到了根本，找到了本源，我给你们全解决了，不用争。『道』就是悟、『道』就是心、『道』就是存在、『道』就是本质。所以你说它是哲学，它有的地方又超越了哲学，有些地方甚至是文学。

文学语言的道性

有很多话，如『上善若水』，这是文学的语言，这不完全是宗教的语言，甚至于不完全是哲学的语言。什么叫『上善若水』，什么意思？中国人也有另外的说法：水性杨花，是坏话；他说的『上善若水』指水的清澈，它的谦虚，它的所谓『处下』，它的低姿态、它的无私、它的坦荡，所以就『上善若水』。你愿意怎么解释你就怎么解释，我不给你仔细地说——说『上善若水』，水有五个特点，第一能喝，第二能洗脸，第三能洗脚，那有什么意思？我不给你解释！

所以他说得越少、越抽象，就越发有一种什么东西都掌握了的感觉。他也掌握了文学，他也掌握了伦理道德。他批判伦理道德，说是『大道废，有仁义』，他说仁义出来得越多，作伪就越多等等。『世人皆知美之为美，斯恶矣』，

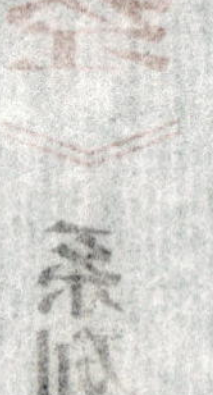
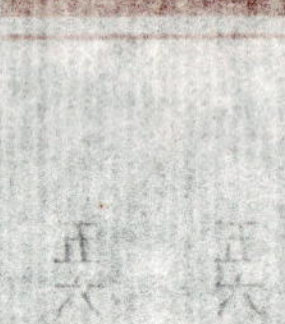

你都去追求美了，把人分成美丑两种类型了，里头再分成十八等，这个东西本身就不是好事。

但是从老子的另一方面，我们可以看到他这些基本的道德的底线，譬如说他对生命的尊重，他对战争的厌弃，他对包括为政者——如果你不能够善待自己的百姓、自己的人民，那么老子有些地方说得还很尖锐，说得还挺刺激、挺厉害。所以他既超越了道德又包括了道德。

老子有多牛

『道』这个词不是老子一个人用，孔子也讲『朝闻道，夕死可矣』，《礼记》上就有『大道之行也，天下为公。选贤与能，讲信修睦』，讲很多东西。但是老子把『道』提高到了一个概念之神，哲学之神，概念之巅、哲学之巅这样一种程度，所以老子在谈到道的时候，他的智慧就有了一种高峰体验，有了一种至上体验，有一种扩张性弥漫性体验，就和老子见到了世界的本源本质一样。我相信这样的人是太快乐、太满足了。

老子在第四章里有一句话，就这么几个字，但是你们可以听听老子有多牛。他说什么呢？『道冲，而用之或不盈』，我取之不尽、用之不竭。我懂得『道』之后，我对各种的事物都有自己的看法，不慌不忙、不急不躁、不窘不迫，从容有定、有主心骨。老子是这样的，所以老子一生并不忙碌，他做图书馆管理员，鲁迅还带点讽刺，说他骑着一个青牛要出关等等。但是他说我『用之或不盈』，我是世界上最有财富的人，因为我有『道』，我的『道』永远用不完、永远没有赤字，永远不会发生危机。金融可以发生危机，『大道』不可能发生危机，因为大道它是本源的存在，它是本质也是规律，金融发生危机就是因为金融有些事情违反了『大道』，『大道』必然就会使你产生这种窘迫。反过来说，

产生这种窘迫以后，你就会有调整，这个调整又符合了『大道』。所以老子说他的『大道』是用也用不完的，它是永远最充实最富有的。

他又说『渊兮，似万物之宗』，『渊』是什么？它太深刻了，它是万物之宗，是万物的本源、是万物的道理。人也是按照『大道』来生活的，是『大道』决定了你的生命、决定了你的死亡、决定了你的兴衰。一只鸟也有一只鸟的『道』，一粒沙子、一个小虫、一棵树、一根草、一块石头、一座山、一个大海，它都是按照一定的规律、按照一定的自然本性在那儿发展和运作，因此它『渊兮』——是多么深远啊，它是万物之宗。所以我就说，要能写出这两句话来，我们可以设想老子牛得可以了，他很自信了、他很有把握了，他已经觉得他比许多人都高明了，这是肯定的。

老子在第十五章里又提出一个命题来，他说『古之善为士者』，古代的——他老认为古代是现代的模范，说古代的一个善于做『士』——我们可以把他解释成读书人，可以解释成知识分子、那个时候的知识分子，也可以解释成一个准备参与国家运作的人。『古之善为士者，微妙玄通，深不可识』，『微』，很精微，对什么事情的看法他都非常的精微，包括细小的地方他都懂；『妙』，他掌握了大道以后，他的做法、他的说法跟别人不一样，让你不能不服，他非常的妙，他不按照常规，但是他做出来以后，别人干不成的事他就干成了，别人有危险的事，到他那里没危险，他能转危为安、能够逢凶化吉，它『妙』；『玄』的意思就是抽象，它非常的抽象，和『妙』也是分不开的，庞朴教授——哲学家——他考证中国这个『玄』字在古代的来源是水涡，水的那个涡流，水的旋转、旋涡。你看这个字本身

像一个螺旋形在那儿转，他的认识也是像水一样地在那儿流转着，什么他都包括进去了，什么他都吸收进去了；『通』，又微妙又妙又玄了，你什么都能弄通，叫一通百通。他说『微妙玄通，深不可识』，他说『夫唯不可识，故强为之容』，这样的问题有时你都无法理解他，你没法判断他，他不像很简单的人，两下就可以判断出来：说这是一个暴发户，我们家乡叫『钱狠子』，见了钱就下狠心，说这家伙是一个钱狠子；这是一个吃货，就在乎吃；说这是一官儿迷。这都很容易判断出来，但是像老子这样的人，你判断不出来他到底追求的是什么，因为他追求的是『大道』，追求的是真理。他说『强为之容』，我很勉强地来形容一下。老子在这里说了一大套，具体内容后面几讲里还要专门讲，我这里要说的是，从老子对于善为士者的论述当中，也可以看出老子的自信、自负、自乐来。

你们表面上看，他说的是『善为士者』，我就觉得老子要自己没有点对自己的理解，他是不会说这样的话的。他说这样的话实际是什么意思？就是我老子——当然他自己称自己是老子，是李耳，还是老聃还是老什么，这个我不知道了——我什么都有了，『万物皆备于我』，严肃的我有这一套，我像过冰河一样地小心翼翼，我像对待邻国一样地充满了警惕，我像待客一样地注意礼貌，我绝不敢轻忽。但是另一方面呢，另一方面我又是松松散散的，我不是那么紧紧张张，他说的是『善为士者』，从这话里我们都能够看出老子的骄傲、老子的牛。

为什么我说他『牛』呢？因为到现在为止，我们读老子、我们谈老子，仍然是快乐的，这是一种智慧的快乐，这是一种思想的享受。享受有各式各样的，吃好东西当然是享受，住好房子这也是享受，同时我们人人都还需要智力的享受，那是更加高级更加丰富深厚的享受。

智慧令人快乐

为什么呢？你为什么喜欢下棋？下棋时你不断地想赢对方，如果你真赢他一盘、赢了两盘，或者本来你是经常败给他的，但是你忽然赢了他一盘，你很快乐，你享受的是你自己的智力：我也不是笨得那么一塌糊涂，不是那么不可救药，我也能赢你；甚至我输了，我毕竟还有几步好棋，我毕竟得到了经验教训，我毕竟有几手，对于对手的精彩也确实佩服，这仍然是享受。我们也可以打扑克，可以打桥牌，这都是很好的智力的游戏，智力的享受。

而智力的享受到了读老子这一步了，可以说你达到一个相当的层次了，你把这个概念和概念加以组合，把概念和概念与你的人生经验结合起来，你从老子当中来发现世界、来发现人生。你又从你的人生当中、从你的世界当中去发现老子、去解读老子。这样的快乐比下象棋的时候给对方将死——来一个马后炮或者来一个双炮将，怎么一挂角，比那个快乐还要高级。

老子不可摧毁

我们说，像老子这样的思想的人，他是快乐的，像老子这样的思想者，你无法摧毁他。为什么呢？你的智力不如他。对不起，你可以比他有钱，你可以比他地位高，但是实际上你处于劣势，你即使去侮辱老子、你即使去贬低老子，你唾到老子身上的唾沫，最后会落到自己的头上。老子无法贬低，他的智慧就是这么高，他就是表面上看着『道冲』，表面上看空洞空虚，『而用之不盈』，他就是非常的深、深厚，他『渊兮，似万物之宗』。我想如果我们在谈老子、读老子当中，能够体会到老子这样一种智慧和智慧的享受，我觉得这真是人的一种幸福。

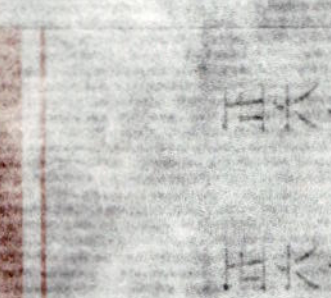

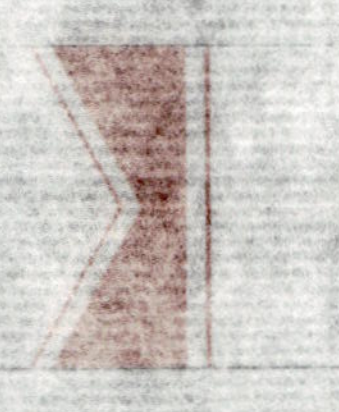

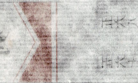

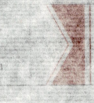

好箭也可保存欣赏

我这里顺便说一下，因为过去我们长期的——当然也是有道理的——我们强调的学习是为了实用，学以致用，这个是非常正确的，尤其在革命的时期，毛主席反复地讲，他说马列主义就好比一支箭，说是要用这个箭来射中国革命之的，这也叫有的放矢，说如果你拿了一支箭以后，说好箭好箭，然后把它束之高阁，这样的理论再好也是没有用的。那么我们可以设想，在革命时期对待革命的理论，如果我们不采取和实践相结合的态度，而是采取一个：好箭好箭，欣赏以后束之高阁的态度，这革命还有戏吗，革命还能成功吗？当然不能成功。但是今天的情况又有一些不一样，今天在全面小康与市场经济下，好箭好箭也可能是文物，是艺术品，它就是要束之高阁或展览室或拍卖室，供自己与旁人欣赏。

我们读老子学老子讨论老子，不是说用老子的学说解决就业问题、解决低保问题、解决金融问题、解决农民工的问题、解决春节期间春运问题，那你解决不了。我们在今天的情况下，在新的情况下，我们拿老子来看，看完了以后说好箭好箭，然后束之高阁，这也是一种享受。何况他不可能完全束之高阁，因为你多懂得一些道理、多懂得一些名词，你看什么问题看得更广泛更高大更深刻，你自个儿的精神境界就不一样了，耳濡目染，你道行更深了一点、你知识更广了一点。所以我说老子这个智慧是一种快乐智慧，是一种享受。

智慧也是一种美

我还要说智慧是一种美，为什么呢？我们可以设想一下，我们接触到一种智慧的时候，你对它有没有一种向往的感觉、亲和的感觉，一种舒服的感觉，相反的，如果我们看到一个人蛮不讲理，嘛事不懂，糊里糊涂还又强硬得要死，你说你拿他有什么办法，你就躲着点他就完了，也没有别的辙。所以智慧还是一种美，它使人沉醉，使人叹服，使人愉悦升华。我还认为真正的智慧，和善和美都是相通的，因为真正的智慧，它和道德——他必然就能够知道自己在人间的地位，知道自己在人间应有的义务、应有的自律，知道自己有哪些坏事是不可以做的——真正的智者又非常的有道德，这几乎是很难办到的一件事——所以我说它和德行和审美都是相通的。

老子的苦恼与牢骚

但是老子也有苦恼，也有牢骚，这是什么意思？我们看到老子在许多章节里说的话，这些话表面上看是客观地讲一些道理，但是实际上老子也是一个人，他有一种情绪，有一种倾向，有一种心情流露出来了。

譬如说在第二十章，他说『绝学无忧』，就是说你不学习，你也就用不着忧愁了。这是一种解释，也可以解释为：你学到最高处，学到了绝顶、绝妙、绝高，就不用忧愁了。说『唯之与阿，相去几何』，世人说是或者说不是，说yes还是说no，认可还是不认可，这中间又相差多少呢？世人俗人认为对的，真的是对的吗？世人俗人认为是错的，果真是错的吗？没有那回事的，没有什么意义。『善之与恶，相去若何』，这个人说这人是好人，那个人说这人是坏人，他们究竟相差多少呢？他们的判断值几个钱？他们把好人看成坏人，把坏人看成好人，把智者看成无用，把骗子看成大师的，多着呢。

又说，『人之所畏，不可不畏』，大伙儿都害怕的事，我也害怕，怎么办呢，大家都这么说，就是我老子也怵它三分；

「众人熙熙，如享太牢，如春登台。我独泊兮，其未兆，如婴儿之未孩」，说是大伙儿一个个都还挺高兴，就跟在那儿吃大餐似的，就跟上了高台来享受春天一样。大家都是高高兴兴，可是我经常要思考一些终极的问题，我有时候脸上连笑容都不够多；「婴儿之未孩」，有人考证说「孩」指的是笑容——这个当然不是我所擅长的，我姑且引用别的老师们的解释——这些地方一看很怪，老子到了这个地方，他忽然显出来，他流露出来了跟大众不一样：你们都高兴，我不高兴，我没有那么高兴；「儽儽兮，若无所归」，「儽儽」，现在写就是一个单立人一个累字，也有的是写一个单立人三个田字，「儽儽兮」就是很沮丧的意思，「儽儽兮，若无所归」，无处可归。当时的人们嘲笑孔子，就用过这个「儽儽兮」，说孔子「儽儽兮若丧家之狗」，找不着家门了，可他要上不丹就好了，找不着家门没有关系，哪儿都是家。但是中国不行，中国你得找得着家门，否则你是丧家之犬。

说是「众人皆有余，而我独若遗」，大伙儿都觉得自个儿还挺富裕，可是我呢，好像我老缺点儿什么。这样的话在《老子》当中并不多，但是在第二十章里他说得挺厉害，他说「我愚人之心也哉」，看来我是最傻的了。是真的吗？这老子真认为他最傻吗，真的最傻你还写这五千字干什么，你一边待着去跟大伙一块吃大餐，一块去玩，别人怎么样你也怎么样不就完了？所以他不是真的，他说「我愚人之心也哉，沌沌兮！俗人昭昭，我独昏昏」，越是俗人越明白，而我呢，我老糊里糊涂，你们都明白，就我一人糊涂。「俗人察察，我独闷闷」，俗人什么都看得见，「察察」，眼睛明察秋毫，「我独闷闷」，按现在的口语，我就说它是闷（第一声），就是我啥也看不见，闷在一边，我一声不吭。「众人皆有以，而我独顽似鄙」，「有以」就是众人什么事都有根据、都有理由、都有想法，越是愚蠢越觉得自己聪

明，觉得自己办什么事都有根有据。「我独顽似鄙」，我是又顽固又低下，我找不着我要干什么事的理由、根据、基础，我找不着自己行动的基础。「我独异于人，而贵食母」，我跟大家都不一样，我「食母」，就是我老要找这个终极，我老要找这个原生，我光找着儿子了我还不踏实，我还要找他娘，我要找这个最早的最初的成为世界之本源的大道理。

你看老子的这一段，他有点气，就不像之前那么牛了，他是反过来说，表面上看他是在嘲笑自己，不如说他是在发牢骚。

智慧的痛苦

所以这里就有一个命题，这自古以来、古今中外都有，叫做智慧的痛苦。我们刚才讲了智慧有快乐、智慧有享受、智慧有美，智慧有主心骨，但是智慧为什么还会有痛苦呢？因为智慧陷入自己本身的一个自我矛盾之中、一个悖论之中。

真正的智者他应该知道：应该跟大家合群，不要自己太「各色」，不要与众不同，尤其不要与群众为敌，不要你自己特立独行，老跟人对着干。真正的智者明白这个，真正的智者甚至于还懂得不要跟人瞎辩论，辩论有什么用，话跟话，话顶话，话激话，互相刺激，什么用处也没有。但是他有自己的不被理解的痛苦，更有面对庸众无法可想的悲哀。

国产最佳寓言：不争论

我接这茬儿说一下，中国的各种寓言故事当中，我最喜欢的就是那个不争论的故事，这我还是在张中行老师的文章里看到的：说俩人争论，一个说四七二十八，一个说四七二十七，俩人打得厉害。县官过来了，说你们争什么？「禀老爷，我说四七二十八，这小子非说四七二十七，你说这气人不气人？」县官一听乐了，「你认为四七二十七，过来

过来，你跟我说说四七多少？』那人说：『二十七啊。』『你真认为四七二十七？』『是真认为四七二十七。』县官说：『赦你无罪，走吧！四七二十八跪下，屁股给我打三大板。』这个人说：『老爷冤枉啊，你这么屈枉人，四七二十七无罪，四七二十八挨打？』这老爷说：『兄弟我告诉你，那人都认为四七二十七了，你还跟他争，他都四七二十七了，你打死他都没用了，你改不过他了，我打你两下，你就知道了，以后见着四七二十七的，你回头就走，你少招惹，你别招这个。』

只有中国人有这种故事，你现在讲给欧美人，他绝不接受，他说这是什么态度，四七二十八就是二十八、二十七就是二十七。欧美人就这一条筋，他绝不认你这个。外国的故事里头，全世界我认为最好的寓言就是印度佛教里边的『盲人摸象』：几个盲人在那儿摸象，然后说这象是什么样的，摸着象身子的说这个象就像一堵墙，摸着象尾巴的说像一个刷子，摸着象牙的说像硬棍，摸着象腿的说象就是柱子，这几个瞎子在那儿争。有时候我们人类太多这种盲人摸象的故事，以及四七二十八、四七二十七的故事。这是一方面，老子他看得很开，所以他也主张不争。

智商太高了太麻烦

但是另一方面呢，就是你有了老子的这个智力，你就跟群众摆不平，你的说法跟人老不一样，你老显得『各』。而且智力低的人对智力高的人有时候有怀疑，他不说你智力高，说怎么他看什么事老看得那么准呢，他是不是有什么，是不是他要我呢。他有时候会有这种想法。所以有时候智者实际上又处在一个不被理解、不被接受、不被认同、不被珍重的这样一个地位。他超凡脱俗，他没法不倒霉。所以你说别人还都能够这里混个小官那里混个什么东西，他什么

也混不上。所以他实际上又有一种不被理解、不被认同的悲哀。所以说他一方面什么都看得清清楚楚，另一方面他又是脱离群众、脱离主流，不为群众和主流所接受。这样的处境，能够是一味快乐的吗？

智慧的遭遇与命运

老子在第四十一章里又说『上士闻道，勤而行之；中士闻道，若存若亡；下士闻道，大而笑之。不笑不足以为道』，笑是哈哈大笑，不是孝顺的孝。他说上等的士人、读书人、具有高智商的知识分子，听到了我讲的『道』他就认真按这个道来实行、来实践，付诸实践，现在叫做践行。中等的人、中等的士闻道『若存若亡』，就是好像听见了，又好像没听见，或者左耳朵听见了，右耳朵又出去了：有这么个道不错，不错，挺好，挺好。说完就完了，跟他没关系。

那么下士呢？下士是最低一等的所谓士，本身学问又低，智商又低，他要听到关于『道』这个道理，他听完了以后哈哈大笑：说什么呢，忽悠什么呢？跟他毫无关系；『不笑』，他如果不嘲笑你，倒说明你不是『道』。

他在这个地方突然出现了一个等于是智慧的孤独的写照，等于是——过去也有过这种说法——他变成了伟大的少数，他变成了伟大的孤独者。

这是某种经验之谈。很可能老子在什么地方讲他这些道理的时候，被别人哈哈大笑，被别人嘲笑一番，认为这是空谈误国。又说『吾言甚易知，甚易行。天下莫能知，莫能行』，我讲的这个自然然的、尊重各种事物本身的规律，这既容易了解又容易实践，但是为什么你们『天下莫能知，莫能行』，整个的天下所有的这些诸侯的王国，没有一个按照我的这个理论来实现的？真是够惨的啦。

老子也俗了一把

『知我者希，则我者贵。是以圣人被褐怀玉』，能够了解我的理论的人很稀罕，能够按照我的这一套做的人就更珍贵了，也就是更少了，更是稀世绝品了。

底下老子说：『是以圣人被褐怀玉』，他说圣人穿的是粗布的衣服，但是兜里头是有玉的。这一点上我要大胆说一句，就是这一句话，老子说得稍微俗了一点。因为你老子那么伟大，你前边讲的那么多伟大的道理，你怀玉就行了，你穿的是粗布衣服细布衣服，或是的确良衣服有什么关系？你不穿衣服，披一个麻袋片儿也可以，弄树叶挡一挡也可以。

所以这个地方我们可以看出，伟大如老子，就是我说的话——鹰能飞得非常的高，但是鹰有时候也可以和鸡飞得一样低，或者比鸡飞得还低。他忽然发这么一句牢骚：你看我怀着这么好的玉，可是我只能穿一身粗布衣服，只能穿一身带补丁的衣服。其实这用不着，这个不影响他的玉。

智慧之路是坎坷的

他底下又讲，说是『大道其夷』，在第五十三章——『而民好径』，『大道』，本来是阳关道，大马路非常平坦，『夷』就是平坦，『而民好径』，可人们偏偏喜欢小道，喜欢走后门、抄近道，大道他不走，他走害人害己之道至少是歪门邪道。

从这些地方我们都可以看出，老子的学问等这些东西并不是很顺利的，我把它说成是什么呢？我说这叫三贴近与三超越的矛盾。老子他是智力超众、见解超前、论述超俗，甚至是论述令人吃惊。他不属于哪一个普通的学术派别，他行为脱俗、风度超群、言语一鸣惊人。这样的超智商者既受欢迎又受猜疑和嫉妒。古今中外，做官的人功高震主，反受排斥诬陷。做学问的人，智高震世，也无法令庸人接受，真是人类的悲剧呀。

从老子本身来说，他主张『和光同尘』、主张三贴近、主张让老百姓自然而然地生活，可以说他是最普通的。但是实际上他最普通的见解又变成了一个超越的见解，所以真是自相矛盾。你说你的见解非常的普通——既然是普通见解，你甭说了，大家都懂，都是常识，饿了该吃饭，累了要睡觉，吃饱了早上起来干活，这你还说什么，你不用说。你说你是高明的吗——既然是高明的，就必然有很多人不懂，要人人都懂，都是一加二等于三，那还用你吗？

所以这种智慧的悖论可以说是智者的矛盾。对像老子有这么高智慧的人，难道他不明白吗，说任何人读一遍《道德经》，就会立即清心寡欲起来、就开始践行大道？他其实应该非常清楚。

老子是怎样被中华民族所接受的

我们现在可以从老子被接受的情况来考虑考虑，老子高尚也好伟大也好，或者是别扭也好，第一，老子在世界上受到了极高的评价，这是事实，不管是黑格尔还是许多其他外国人，他们都很重视老子；第二，儒道互补是中国士人的一个普遍选择，甚至于是中国士人存活和不被消灭的一个关键所在。因为中国的士人几乎都是这样，如果条件顺利，如果你被明君所赏识——我说的这都是历史了——你被明君所赏识了，你应该像儒家一样地讲究忠孝、讲究仁义，你应该讲究为苍生谋福利，这是这一面，但是你遇到挫折了，遇到你不为所用、你不可能发挥更大的作用了，那你也应该有道家的那一套，应该去回归于自然，应该听其自然，不要蝇营狗苟，不要做一些不量力的或者乃至于是出丑的事

情，更不要去投向龌龊和下流。所以儒道互补实际上也被许多的中国的士人所接受。我们去看苏东坡、我们去看李白，我们都会发现这样的事例；第三，同时我们也必须承认，并没有任何一个实践的过程能证明老子这一套，用在治国平天下上是有效的。

中国哪个朝代君主是真正用老子？他信道教，可能他炼丹，他希望长生不老，他练气功，这都行，可是说我治国的时候用老子这个方法，我无为而治，我不争——你跟人家不争，人家争你，人家把你吃下去了。所以在实践上来说，如果用老子的一套来治国理政，更不要说治国平天下了，这个成功的经验压根儿就没有。

今天我很有兴趣地和各位讨论老子，并不等于推翻这个事实——说老子太棒了，今后咱们大家都用老子这个方法治国理政，不行，用这个解决别的问题也很难。求职行吗？你用老子这一套求职，无为而无不为，你交一个求职的信，填表你一切都填上无，学历无、父母无、家庭住址无、户口无、身份证无、工作经历无，你肯定找不着工作。所以求职不行。

治病有一部分行，你别瞎治，不要一点小病吃很多药，这可以，但是你真有病了，该做手术就得做手术，该干什么就得干什么。所以把它作为一种实践的指南，确实是有它的困难。

相反的例子反倒无其数，春秋战国时期有的是严刑峻法而能治国；有的是白脸黑脸，一会儿这样、一会儿那样，翻手为云、覆手为雨，用这种方法治国，也有的是励精图治、勤勤恳恳来治国的；也有强悍决断而治国的，但是恰恰没有用老子的方法来治国的。

所以我屡次说老子是我们的一个精神资源，甚至于也是精神食粮，但是这个精神食粮不能当饭吃，我们可以当茶喝、可以当药吃，尤其你虚火太大、贪欲太多、急于发财升官，这时候你读读老子，可能让你心情踏实一点，所以它可以当药吃，甚至可以当仙丹吃，你吃几次以后，你觉得你境界高尚一点了，看什么问题看得开一点了，豁达一点了，这都可以，但是你拿这当饭吃，解决不了实际的问题。

老子还有另一方面，这应该说也是老子的一个很特殊之处，我觉得这里头也同样既有快乐也有苦恼，就是老子的理论能够成为一个宗教的起源，因为它非常抽象，又太彻底、太理想、太抽象，它离道观——它变成宗教——比离君王更近。你让君王把它拿回去，拿来做治国的意识形态，这个太难。但是它被宗教拿过去，什么无呀、无中生有啊、有又生于无啊、有又变成无啊、『道生一，一生二，二生三，三生万物』呀，太虚呀、玄呀、『玄而又玄，众妙之门』，所以它又能变成宗教。我就设想，如果老子知道他的身后创造了这么一个道教的话，可以说既是他的骄傲，也是他的悲哀。

因为道教的哲学学理水平，和老子的思维思辨水平并不是一回事。当然中国的道教也有它的存在的意义，也有它的道理，也有很多故事，什么丘处机道长——尤其是你要看金庸的小说的话，那里边讲到了许多道教的故事，也很可爱，但是这个跟老子并不一样。

精神上的巅峰体验

我想说我们读老子、我们讨论老子，我们要体会精神上的一种巅峰体验。平常很多具体的事我们都要管：下月工

资给我涨不涨？当然你很关心；你家里电灯泡坏了你要换，这个你也很关心；但是这些都是具体对具体。而读老子呢，你是寻找至高至上至深至极，因此你读老子的体验是一种巅峰的体验，是一种确实跟大道相通的体验，是一种和无限大的宇宙和永恒的时间相通的一种体验。这种体验可以说是人类生存的一个极致，这个跟挣多少钱感觉不一样，升多大的官、出多大的名都比不上你这种精神上的体验。这种巅峰的体验，有时候一个人这一生当中他都没有得到过，也有的人他得到了这样一个巅峰的体验以后，他可以有所升华，他自个儿的生命就有了意义。

有各式各样的巅峰体验，比如说一个艺术家，当他真正创造出来他最喜爱的那个东西的时候，他会泪流满面，他可以满地打滚，人家说巴尔扎克写《高老头》时，他的仆人见巴尔扎克躺在地下，在那儿呻吟，『先生，老爷您怎么了？』他说：没事，高老头死了。这就是他跟他的创造物完全合成一体，达到了这种巅峰的体验。我有时候听音乐的时候有这个巅峰的体验，我有时候感觉到音乐已经把人带到这样的一种境界，让人有这个巅峰的体验——我要是用比较普通的话还达不到这个高度，简单地说就是『沉醉』两个字。

所以如果要读老子，我就设想老子写《道德经》的时候，他就五千多个字，他就沉醉在里头了，否则他怎么写？那时候要稿费没稿费，要职称没职称，而且他的这一套还很多人不接受，但是他把它写出来了，因为他沉醉在里边了。那些语言、那些字——我说老子的五千字，一字一坑，一字它砸一个坑，他用的那个文体，有时候不像咱们普通的说话的文体，它像是一种有神性的语言，因为我找不到好的词——这个词很容易被误解，有的地方像念咒一样，有的地方像预言一样，有的地方像譬喻一样，有的地方像算卦一样。所以在这里头他会有巅峰的体验，他会有一种沉醉。读老子，我说的沉醉，这是一种欣赏、这是一种体验，有这样一种体验，你就和老子相通了，你也会和大道相通了。当然了，不等于说你永远沉醉、你天天沉醉，你上班见了你老板你还沉醉在老子里头呢；晚上回家见你孩子，你孩子功课两门不及格，你还沉醉在老子里头。那是不可能的，但起码你哪怕有这么几次对老子的沉醉，这是多么好啊！多么令人羡慕啊！这样的一种沉醉，不但在哲学当中、在文学当中、也有在音乐当中、也有在建筑当中——有时候你看到一个特别宏伟的建筑，你傻了、你沉醉了，你感觉世界上怎么还有这样的建筑，比如说你上埃及，看古埃及的卡那克神殿，你一看，你傻了，你有一种自己傻了的感觉，你有一种完全匍匐在它面前的感觉。

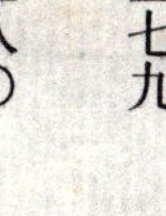

让老子来吧

研究科学、研究其他的学问的人也会有这种最高层次的精神体验，这种体验和老子也是相通的，我想引用杨振宁博士——当然我们都知道他是非常有名的诺贝尔物理学奖的获得者——他看了我发表在三联书店《读书》杂志上的文章——后来也收到我的《老子的帮助》这本书里头，就是讲老子和数学的这么一段文章——他看了以后很有兴趣，他就把他的一本书，他原来用英语写的，是由他的夫人翁帆女士从英语把它翻成中文的，叫《曙光集》送我，里边收了一篇文章，叫《美与物理学》，是讲物理学的。杨振宁在这篇文章里讲了一些物理的方程式，这个方程式是我所不懂的，我们可以先不说它，但这些方程有一面是与诗有共同点，它们的内涵往往承受着物理学的发展而产生的新的、当初完全没有想到的意义，他举出了一些……一些术语我就不引用了——像什么麦克斯韦方程，经过爱因斯坦才显现出它高度的对称性，成为二十世纪物理学的一个中心思想；狄拉克方程最初完全没有被数学家所注意，今天已成为热门

话题——杨振宁说它们的极度浓缩性与包罗万象的特点只能够用诗来表明。他说他常常感觉自己不能够全面地道出学物理的人，面对这些方程的美的感受。

杨博士说：我缺少的似乎是一种庄严感、一种神圣感、一种初窥宇宙奥秘的畏惧感。我想，我缺少的正是构建哥特式教堂的建筑师们所要歌颂的崇高美、宗教美、最终极的美。他特别给我写信说，看一下两首他引用的英文诗，这个翁帆女士并没有翻译，我试着把它翻译一下。

一个是**W.Blake**的诗，他说：

To see a world in a Grain of Sand, 你看世界就从一粒沙子那里来看，

And a Heaven in a Wild Flower. 然后你去体悟天堂——从一朵野花上。

Hold Infinity in the palm of your hand, 你把握无穷吧，就用你的手掌、就用你的手心，

And Eternity in an hour. 然后你要了解永恒——用一个小时。

他说什么呢？说你要看一个世界，从一粒沙子那里来看，你要从一朵野花上看到天堂，然后你用你的手去掌握永恒，然后你用一个小时去掌握无限，用一个小时来领会永恒。我们这里用一个小时来讨论老子，也是试图用一个小时领会永恒。

他引用的更精彩的诗是**A.Pope**的诗，就更激动人心。他说什么呢？

Nature and nature's law, 自然和自然的规律，

lay hid in night. 把自己隐藏在黑夜里。

God said, let Newton be! 上帝说，让牛顿去吧！

and all was light. 然后一切都照亮了。

我们同样可以说：『大道』把自己隐藏在黑夜里，然后上苍说，让老子去吧，让他试着把一切照亮，还让二十一世纪那个小王老头儿到**BTV**试着把它讲一讲！

（答观众提问）

观众：王老您好。今天在这个《中华文明大讲堂》听您讲课，很开心，受益匪浅，下面我还有一个问题想问问您，就是人类什么时候能够做到没有烦恼和忧愁？谢谢您。

王蒙：人类完全没有烦恼和忧愁这是不可能的，事实上烦恼过去了就是快乐，你有愿望有生存有困难，就一定有烦恼，如果烦恼和忧愁也没有了的话，你想要解决的问题也没有了，那快乐和生命也就没有了，所以我们永远不要希冀人类完全没有烦恼和忧愁。但是相对来说，有许许多多的譬如说生存糊口的烦恼，也就是说温饱问题，我们是能够解决的。譬如说低保的问题，解决最底层的、最弱势的这些人的生存问题，这些都是会一步一步地有进展，但是有了进展以后你又会有新的追求、会有新的烦恼，所以问题不在于完全没有烦恼，而在于我们有了一种精神的境界，就是面对烦恼和挑战，我们有一种应对、有一种信心，还有一种正确的方法来一个一个地解决、来克服，或者来甩掉这些烦恼，这是有可能的。

观众：王老师您好。听王老师讲老子，我觉得好听，王老师讲老子，我觉得如沐春风。刚才王老师也提到中国读书人历来就讲究儒道互补，穷则独善其身，达则兼济天下，但是现在来看社会，感觉普遍是比较浮躁的，老子讲究这个『道』，『道可道，非常道，名可名，非常名』，又非常玄妙，如何让现代的人在比较浮躁的一个社会环境当中，更好地更近地去接近老子呢？谢谢王老师。

王蒙：我觉得社会的这种浮躁，某种意义上说也是一个过程。因为我们国家，可以说中国，还不止是近百年来，近好几百年以来，我们一直处在一个非常不安定的情况下，如何使社会能够相对地稳定下来，然后能使社会在稳定中有所前进，使我们的科学技术、生产力、教育都能有一点发展，我想这是一个非常艰巨的任务。任何事情在初步发生变化的时候，都容易显得非常浮躁，有时候我开玩笑说，饥渴的基因在咱们细胞里可能太多了，所以好不容易能吃饱了，见着好吃的就扑上去了，扑上去的结果又是高血压又是糖尿病又是脂肪肝又是各种肥胖症。可是这样经过一段过程以后，我相信他有可能心情稍微平衡一点。另外我们今天，包括咱们北京电视台主办这个《中华文明大讲堂》，在某种意义上对浮躁症也是一个补充、一个矫治。《中华文明大讲堂》解决不了浮躁的问题，我很难通过讲老子解决股市你应该怎么去处理，或者如果你家里房子漏水了应该怎么办，我解决不了，可我们大家能谈点不那么直接可以使用的东西，这本身说明我们已经不太浮躁，说明我们能够耐心地坐在这里一听一个小时两个小时、听着我在这里坐而论道，这浮躁就慢慢地克服一点了。所以也不用太悲观。你说大家——我饿了好几年了，看见好吃的就往上扑，你也不要太深恶痛绝，他吃上几次，吃得他又拉稀又得病，慢慢地他也就踏实多了，到那时候他很容易接受老子的道理了。

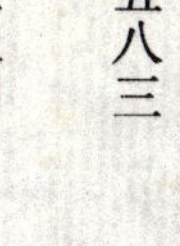

观众：王老师您好。刚才您说的那些话里面，我觉得我最赞同的是您说老子他不可能解决我们所有的问题，您觉得他给大家的最重要的启示是能够让我们悟出一种巅峰体验，但是很显然，这种巅峰体验是一个人有了一定的阅历、他从上往下看以后才能得到的，作为一个年轻人，我很好奇，王老师您是在多大的年龄，然后又有了怎样的经历和体验之后，才悟出了这样的道理，得到了这种巅峰体验？

王蒙：这可能不完全是一个年龄的问题，譬如说我少年时代也有我少年时代的巅峰体验。我少年时代，在当时的那个社会环境下，我选择了革命，我选择了共产党，我十四岁的时候就被发展成地下党员了，在通知我『今天算你入党』起，我一路上——我从什刹海走路走到西四那边，我一路上唱着洗星海的一个歌，这个歌没有唱起来，它不像洗星海的《黄河大合唱》，就是『路是我们开，树是我们栽，摩天楼是我们造起来，好汉子当大无畏，创造新世界、创造新世界』。我觉得那就是我那时的巅峰体验，我就一路这么唱着歌，当时就不知道把自个儿一腔热血往哪儿洒，不知道往哪儿拼。你都想洒热血、都想拼了，那还不是巅峰体验？我二十多岁的时候，看契诃夫就能够看出巅峰体验来，看《万尼亚舅舅》就能看出巅峰体验来，我听柴可夫斯基我就能听出巅峰体验来。要从这些意义上说，不是说非得老了——你还得长寿，你万一要短命呢？那就没有巅峰体验了——我觉得在不同的年龄、不同的年代，你都会有一种精神上的振奋、都会有精神上的一种沉醉、都会有精神上的一种服膺，就是你完全服了：我服了我真服了，我五体投地了，我愿意为你献出我的生命了，我觉得这个东西比我的生命还重要了！我想这样的体验人人都会有的。甚至于我们也可以设想，譬如说一个运动员在他最最困难的时候，他一咬牙把这金牌拿到手了，那也是巅峰体验，那可高兴了呀！不

王蒙评说《道德经》系列

光他高兴，咱们都跟着高兴。所以也不必把巅峰体验说成只有『读老子』这一个法子你才能得到巅峰体验，那倒不是。

第十三讲　得与失、成私与无私

关于私利

在老子的学说当中有一个很有趣的问题，就是他对人的私利、人的名声，对人的个人所得的看法。其实在各种不同社会的不同思想家那里，都很有兴趣研究这个『私』的问题。比如说有一些国家最侧重的是研究从法律上怎么界定利益，哪些是属于社会的，属于集团的，哪些是个人的，应该得到保护的、得到关注的。也有些国家甚至于规定了男性和女性在私利上、在权益上是不一样的，或者由于阶层、种姓的不同，比如说王室和平民又是不一样的，高级的种姓在私利上比低级的种姓要多得多。我们的社会主义是强调集体主义的，我们曾经把这个『私』字都是当做一个比较坏的东西来看，『文革』当中提出来过『破私立公』的说法，还提出来过『狠斗私字一闪念』。

但是老子的想法有些不一样，他说的最流行的一句话就是『非以其无私邪？故能成其私』，就是正因为你不太计较自己私人的利益，所以你个人的很多利益反倒得到了保证。这句话会引起很多的争议，因为有人会想到这不是玩假招子吗？我表面上无私，这样的话，我的私人的利益还最多，我得到的最多。这也是一种理解，但是我们研究一下老子，他既不是从法律上来划分，也不是从道德上或者从意识形态上要求你灭一个私存一个公，他所希望的就是私的问题的解决要和『道』和『自然』的品格相一致。

不有、不恃、不宰

老子在第五十一章有一段非常有名的话，『道生之，德畜之，物形之，势成之』『生而不有，为而不恃，长而不宰，是谓玄德。』他说『道生之』，就是天下的规律、法则与起源本身，大道本身就决定了生生不已。早在《周易》里边中国人就相信『生生之谓易』，就是世界上不断地产生各种新的事物，新陈代谢，这就叫『易』，也就是老子所讲的大道。或者说『天地之大德曰生』，天跟地配到一块了，于是就有各种各样的物质、各种各样的生命出现了，所以他说是『道生之』。

我们举一个例子，比如说电脑，电脑首先是电脑本身，作为一个工具，一个大受欢迎、销量用量极大的新产品，这只不过是这几十年的事情，是上个世纪的七十年代末八十年代中才产生了大量的电脑。但是电脑本身所具有的道性，就是说这样一个用电子从事计算的原理、这样一种二进位的可能、这样一种数字化来组合各种各样信息的可能，正是这种可能性，加上人们寻求更方便地进行运算、储存、检索、输送的必要性，使电脑得以产生。也就是说原理和可能性产生了电脑，这就叫电脑之道、电脑之法则、电脑之必要使电脑生之。

『德畜之』，德是什么呢？老子在有些地方是批判『德』的，但是在这个地方他讲到的『德』，以电脑作比喻就好比是科学家、就好比是人类的智慧、勤奋、创造性、进取心、团队精神和种种卓越不凡的品质。有了科学家、有了人类的智慧，电脑就能够慢慢地吸收进来各式各样的营养，它就可以发展了。

『物形之』，当然还得有材料，电脑本身得有硬件，有各种各样的材料，有一些金属、有一些非金属、有一些导体、

有一些半导体，还有一些非导体，所以各种不同的物质形成了。

『势成之』，『势』就是有驱动。

道性非私

老子讲这个的目的是什么呢？他说这些东西的产生并不是任何一个人可以占有、可以私有的。你发明的电脑不错，你可以去登记你的发明权，但是你想想电脑所以能产生的道理不是你发明的，是客观存在的，你制造电脑的这些材料不可能都是你自己在家里制造出来的，是社会所提供的，是许许多多科学家和技术工人的智慧，不是你一个人的事情。你发明出来了，你做出电脑来了，可各种各样的软件、各种各样新的硬件不断地出现，也不是你一个人的事情。

所以老子的『道』具有这种特性——什么特性呢？就是『生而不有』，我可以生产它，我可以产生它，但是我不能占有它，我没有权力占有它，这个境界应该说还是非常好的。而老子说这是大道的精神，这不光是你个人读书、修身或者上课的结果，而是道本身就有这个特点。『为而不恃』，你制造了它，可以说是操作了或者制造了它，但是你没有什么可倚仗的，也不可以拿它来作为你个人的资本，因为和我上述的那些原因一样。『长而不宰』，你可以帮助它，慢慢地利用它，慢慢地有所发展、有所获益，但是你并不企图控制它，因为就拿电脑来说，这个信息业不是任何一个人所能够控制的，如果你去垄断，你去控制，你还要被起诉。

所以老子从大道的品德上实际提出了一个疑问，就是很多人都有『私』的观念，人有对自己个人的关注，有想多得到一点东西或者满足欲望的一种冲动，这也是人的天性，老子提出这个问题来，是说你这个私到底来自何方，你有多少根据，你能不能把你自己所谓的这一切的一切，都看成归你个人所有。应该说老子是从根本上提出来这么一个疑问。

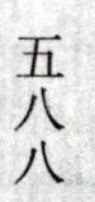

相反的，他希望人和大道一样，就是能做到『生而不有，为而不恃，长而不宰』。

把私摆在哪里

老子在第七章里头又讲『天长地久。天地所以能长且久者，以其不自生』，就是天和地也并不在乎自己生不生，天和地从来不着急，该怎么样就是怎么样，自然而然地在那儿发展，『故能长生』。正因为天和地并不在乎自己生不生，所以它是恒久的，是比较恒久的。『是以圣人后其身而身先』，得道之人、有学问之人、有境界之人，什么事都把自己摆在后头，越把自己摆在后头，结果他的思想、他的行为反倒起了一个带头作用，如果他什么事都把私利先往自个儿家里头、先往自个儿口袋里装，那么他就不可能走在大众的前头了，他反倒会被大众所轻视、所瞧不起。

『外其身而身存』，就是他考虑什么事，常常把自己置之度外，或者把私利置之度外，就是说我们常常会想到群体的利益、想到大的方面，而忘掉了这件事对私人是有好处还是有赖处。你越是忘掉自己，反倒越是由于大道的关系受到各方面的欢迎，你反倒能够存在。

『非以其无私邪？』就是刚才说的那句话，你的无私的结果反倒成就了你的私。老子的这个说法就和完全不准说私、或者见私就狠斗不一样，但是他又与把私人利益提倡成一个核心、一个基础、拔一毛而利天下不为也——我不管别人，我就管我自己——和这种想法又不一样。

他让你克制你的私心，他让你能够从更高更远更大的方向上把自己的私看得小一点。但是他又认为在这种情况之

下，有可能由于客观力量的作用，当然老子那时代不叫客观力量了，就是由于道的作用，在这种情况之下相反相成，反倒使你能够得到自己应有的那些获益、应有的那些收获，你都能够得到。应该说老子这个对私的看法还有他的合情合理之处，他是抑制私的，但是他并不是要消灭私，所以我们下面就讨论一下这个问题。

对私的实事求是的讨论

第一个问题就是一个人能不能把私放在第一位、把你的利益放在第一位？你当然有你的利益，我也有我的利益，比如说我有工资收入，譬如说我有自己的财产，譬如说我对我个人的身体健康或者对我的家庭的生存状况都挺关心。但是，是不是我这一生就光顾这点事儿呢？要光有这点事儿我怎么活下来的呢？你必然有比你的私更重要的事儿。你关心你的利益，但是你更关心群体的利益，你要关心事业的发展，你还得关心你的工作，比如说在BTV做主持人的工作，你只有把主持人的工作做好了，为广大的观众、听众、受众服务，BTV的领导对你提的要求你都能够达到了，为BTV整个电视台的工作做好了，你才能得到你自己的利益。相反的，如果你一心只有自己的利益，你肯定什么利益都得不到。这个说起来其实也挺简单。

争取私利的代价及其他

第二个问题，求私也是要付出代价的，争私付出的代价就更大，有时候我们就要想一想，一个过于计较私利的人会不会得不偿失，甚至于是适得其反。因为你太计较私利了，你经常盯着一些东西斤斤计较的，这样的话会影响你的事业、影响你的专业、影响你的读书、影响你的求学、影响你的群众形象公共形象、影响别人对你的看法，你

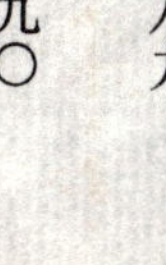

可能损失得更多，所以我觉得这也是一个问题。即使仅仅对于私来说，有求就有付出，有得就有失去，没有单向的私利运作。

第三个问题尤其好玩，我也爱研究这个，因为我写小说，我接触各式各样的人，我就发现有些私利特别重的人很好笑。我们讨论这一点：因为你私利重，你应该盯着自个儿的口袋，你应该盯着自己的钱包，他不，他老盯着人家的口袋、人家的钱包，就是他并不是要求自己得到收益、得到发展、得到幸福，而是老怕别人比他幸福，这就特别可笑。这可以说是人类某些人的一个非常可笑的弱点，可能也是我们所说的『不患贫，患不均』。要光『患不均』还有点道理，但是他怕什么呢？怕别人超过自己。这种心情有人达到非常极端的地步，有例子，印度有一个寓言故事，这个故事挺刺激的，说是有一个私心特别重特别重的人，有一天上帝问这个老艾鲁说：由于你这一辈子没做什么坏事，我现在要答应你的一个要求，但条件就是我要给你的邻居两倍你要的东西，譬如说你的要求是十万块钱，那可以，我给你十万，然后我给你邻居二十万；你的要求是一间房子，可以，你得了一间房子，你邻居是两间房子——甚至于咱们说个笑话了，说你的要求是一个美女，这都行，你一个美女，他俩美女。这个人就煞费苦心想了半天，一咬牙说：上帝你挖掉我一个眼珠子吧。他想的是什么呢？哎，就是他最不能接受的是邻居超过他自己，就是你挖掉我一个眼珠子，那行了，邻居你挖他俩眼珠子，我一个眼珠子还看得见。

这当然是非常好笑的，这也是人的一个镜子，就是有时候我们要考虑考虑自己的眼珠子安全不安全。你不要老盯着别人、老不服别人。

大处不算小处算是人类通病

我还有一个发现，没人说过：私心太过重的人往往还有一点，就是大事他不计较，专计较小事；越是想大事他越有大的气魄，他从大的事情上来考虑时，反倒考虑问题境界好一点，越是鸡毛蒜皮的小事越计较。

我在八十年代看英国一个著作家帕金森写的书叫《官场病》，这书曾经在中国畅销一时，《官场病》里头说到这么一个定律，就是越是数额高的预算在议会里越容易通过，为什么？第一，数额太大，那都是大事，例如航天经费——我已经记不清原文了——假设说二十亿英镑，谁也没有二十亿英镑的概念，二十万英镑可能还有，那些人也挺阔，但二十亿英镑他也不知道是什么价了；第二，他不懂航天；第三，他知道航天非常重要，和综合国力有关系，和科学有关系，所以二十亿英镑这笔预算十五分钟到二十分钟通过了。

预算里头有一项，英国人讲这个 tea break 或者 coffee break——茶歇，就像我们工间操似的，比如下午两点到六点上班，中间四点的时候有十五分钟喝下午茶，而且英国人喝下午茶一定要加饼干、小点心，那么应该提供什么样的饼干、什么标准？这个人人有发言权，这里利益很多，众口难调，而且谁都懂。讨论了两天没通过，那个说标准太高了，说怎么能够吃三英镑一包的饼干呢，只能够一英镑或者一点二英镑一包的饼干才可以给公款报销，超过三英镑得自己花钱；有的说连这么点儿好一点的饼干都不给，都用垃圾式的饼干给公务员吃，影响我们公务员办公的效率和形象。可以争论很多。

我看这个觉得特可乐，后来我慢慢地发现其实不光是官场，所有的人都有这一点。讨论一件大事，比如说这家要

买房子或者买汽车反倒容易解决，不那么死抠，买一所房子假设一二百万块钱，他的底数是上百万或数百万，那么他就要求从宏观的地方来考虑，他的参照系是大家伙儿，他必须大处着眼，大处落墨，他知道买房子不可抠抠搜搜。可是如果买一根黄瓜呢，他发现某个超市里是一块钱可以买两根黄瓜，而他自己买了一块一毛五定价的两根黄瓜，他回来以后心里可不高兴了，他可以别扭半天：怎么这个超市这样呢，明天我得上那边去！

我说这些话的目的在哪儿呢？就是你对你自己的那些所谓『私』的考虑别太相信，你别以为你自己能最好地照顾你的私利，还是大道能照顾好你的私利，你还是得符合自然、符合大道、符合社会的发展，才能够对自己的私利相对来说有比较聪明的也比较明白的比较合理的一种照顾。

过分自私只能适得其反

所以老子就说『不自见，故明』，你自己不去表现自己，所以你就比别人明白。『不自是，故彰』，你自己不自以为是，反倒比较彰显，比如：别人能看得见。『不自伐，故有功』，这个『伐』在这儿就当吹牛讲，你不是老在那儿吹的话，你的成绩别人反倒会替你说：他这方面还是有成绩的！相反你的成绩假设是六十，您把它吹成七十了，那别人就要给你的六十里头再减十，认为你最多只有五十的功绩。在某种意义上说，你太过了也不行。你有六十的功绩但你自己只按二十的功绩在考虑，那么别人呢，或者群体呢，反倒会觉得还应该给你的估计再好一点、再高一点，所以他说『不自矜』，不那么骄傲矜持、那么拔份儿，不那么威风，『故能长』，你的形象反倒比较高，你自己越摆架子，人家别人越瞧不上你，或者表面上应付着你，心里想：这是干吗呢？他会有这样的一些想法。

『夫唯不争，故天下莫能与之争。』『古之所谓：曲则全者，岂虚言哉！』就是说你能够在适当的时候委屈一下自己，有些事不那么膨胀、不那么直截了当地什么东西都要求自己的利益，你反倒比别人做事情会更周全一点。如果你一味地膨胀、一味地扩张，你很可能会走向自己的反面。所以我们也可以想一想。生活中这样的例子非常多，就是越是自私的人越是老受挫折，什么都争的人结果得到的非常的少，你牛吹得多，反倒多丢几次脸。人家让你随便地吹过几次，说不定你就受到讽刺或者受到批驳。这样的故事非常多。

所谓『私』，同样是个人的利益、个人的愿望，同样我们会有个人的奋斗，今天我们的社会也不能否认个人奋斗。集体的奋斗、民族的奋斗、人民的斗争，它是通过每一个个人来实现的。但是我们起码可以看得出来，有一种奋斗只是盯着自己，只是盯着自己的那点蝇头小利，而另一种奋斗是盯着事业、盯着学问、盯着群体，那么这种奋斗就比较更符合大道、更符合那种『生而不有，为而不恃，长而不宰』的大道。

拉弓的启示

老子在第七十七章里还有一个说法，也是很有启发意义的。他说『天之道，其犹张弓欤？』说天道好像拉弓，当然我也不会拉弓，他说『高者抑之』，如果你弓拉得过高了，你瞄准那个地方需要往下走一走。『下者举之』，如果你前手太高后手太低了，前手要往下一点，后手要往上一点，或者是由于重心的关系或者是由于瞄准的关系，总而言之你高的地方要往下压一压，低的地方要往上举一举，简单地说就是你得找齐，你得要注意到它的平衡，不管是在重心上用力点上还是在瞄准上，都要让它平衡、让它平稳。

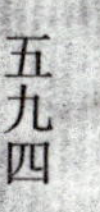

『有余者损之，不足者补之』，你这个地方劲使得太大了，结果使这个弓弦——射箭运动我是不太明白，那个意思就是如果你的力量很不均匀的话，那么劲大的地方应该减少一点，劲小的地方应该增加一点。他是什么意思呢？他说天道是找平衡的、是找齐的，天道不会畸形地让某一方面或者某一点特别地发展，天道是要求均衡要求稳定要求平稳的，因此高的地方低一点，低的地方高一点，劲大的地方减少点劲，劲不够的地方加个油，他是这么一个意思。他说『人之道则不然』——他批评，甚至于是很严厉地指责：当时在东周的社会里，越是有能耐的人、越欺负弱小的人，越是强势者，越欺负弱势者甚至于损害弱势者。

老子说『天之道损有余而补不足』，减少有余的帮助不足的，但是『人之道则不然——损不足以奉有余』，封建社会、混乱的社会，谁老实谁越受欺负，你本来就穷，他还要压榨你，损害你的利益，『奉献』给剥削阶级、给对于群众对于人民毫无责任观念的那些人。所以他提出一个非常重要的命题：『孰能有余以奉天下？唯有道者。』说谁要是能做到：你感觉到自己某些地方有余了，你就想到我比较富足比较有余，我应该去帮助社会，这就是有了道了。

奉天下才是大道

他非常看重的这个提法，实在是非常重要，尤其是对于今天来说，就是所谓的成功者，越成功越应该想到奉献，请看老子在两千多年以前就说了：『有余以奉天下』，『奉』是什么？现在『奉献』俩字讲得非常多，奉献的精神、奉献社会，早在两千多年以前老子已经说了『有余以奉天下』。他说的也很合理，如果你现在温饱还成问题，我就要求你奉献天下，这唱高调不符合实际，但是你有余了还不想着奉献给别人、你还不想对社会做点贡献，你太差了，太

无道了。

在全世界的文明国家里，越有地位有成就、拥有大量财富的人越注意要做慈善事业，要奉献天下。好像是去年吧，比尔·盖茨就从微软企业里退下来了，而他把他的全部财产都用来做慈善事业，就因为他认为他从社会上得到的东西够多的了，他成功了以后要回报社会。

所以这和我们今天的思想是可以找到衔接点的，我们讲要帮助弱势群体，我们讲要回报社会，我们讲要做公益事业。比较起来我们国家的慈善事业也还不是非常发达，当然我们国家也有一些非常鼓舞人心的事情，比如去年在汶川地震之后，我们可以看到各界，不管是企业界、演艺界、文艺界，都有那么多的相对比较成功的人士慷慨解囊，奉献天下，当然更不要说还有很多普通人，更不要说其他的公职人员，解放军，他们也都是用奉献的精神去帮助那些灾民、帮助那些受害者。要用老子的说法，就是这才是天道，这符合天道，这才符合『高者抑之，下者举之，有余者损之，不足者补之』。

不要太膨胀

他又说『是以圣人为而不恃』，他在好几个地方说到『为而不恃』，他说天是『为而不恃』，圣人也是『为而不恃』的，就是你永远不会觉得我了不起，永远不会觉得我已经做够了，永远不觉得我已经可以吹一番了，而且时时觉得自己做得不够——『功成而不处』，『不处』就是处理的『处』，『功成而不处』就是说有个很好的成果吧，我不跑到这个成果前头照相，我不跑到这个成果前头插一个牌子，说这是我的成果。因为我知道这是大家的成果，不是我个人的成果，这是大道的成果。我们今天不说『大道』，我们可以说这是历史发展规律的成果，不把它看成一种东西来炫耀，不用这个东西来膨胀。我觉得这些地方他都讲得特别的好。

老子在第四十四章里又讲『名与身孰亲』，进一步来讨论『私』的问题，讨论你自己私的问题。你自己要有一个掂量、要有一个分析，不是说一沾到你就什么事都好，同样属于你的私，中间还要分一分轻重缓急。

老子为什么提出问题来说『名与身孰亲』呢？就是因为他看到了在当时的社会上，有一些人为了追求虚名而把自己的身体、自己的生命都丢了。从老子的观点来说，他认为这个不值得。你不能为了虚名就过于轻生，这是老子的观点。

『身与货孰多？』他又看到一些人为了货，就是物质利益，或者今天来说就是商品吧，那个时候可能还没有商品这个词，但是货物，因为他已经提到了『难得之货』，所以当时虽然没很发达的商品经济，但是也有货物，还有哪些货物是要珍惜的、哪些货物是一般的这样一个差别了——但是老子提出来：货再多，你的财富、货物，所谓难得之货、令人珍惜的商品再多，没有你自己的生命更重要。我们也可以举这样的例子，很容易举，就拿贪官来说，你贪了很多具体的物品钱财，贪了金条、贪了首饰、贪了值钱的东西、贪了文物字画，最后受到了法律的惩处，那时候你就明白了，货对你来说意义非常之小，远远不如身体和生命对你更重要。

『得与亡孰病？』这是老子比较独特的说法，因为老子特别爱从反面做文章。『得』，你获得，『亡』，是丢弃的意思，这个亡不是当死亡讲，就是你获得与丢失哪个给你带来的害处更大？一般的人都认为获得是好的，我得了一千块钱跟丢了一千块钱，那肯定是得那一千块钱高兴，不会因为丢失了一千块钱或者多花了一千块钱而高兴。但是老子说不一定，如果你获得的不是你应该得的东西，如果你获得的这些东西引起了别人的不满、引起了社会的不满，如果你获得

的这些东西是违反了法律和社会的道德标准，如果你获得的这些东西勾引了引诱了盗贼抢劫、各种形式的人身的侵犯，你还不如不获得呢。这样的故事也非常的多，民间也有很多这样的故事。比如说你中了彩了，你得了什么特等奖了，结果把自己的生活全部破坏了，把自己的平安、自己生活的享受反倒都丢失了，这样的例子也非常多。

『是故甚爱必大费』，对一个东西喜爱得过分了、要求得过分了、追求得过分了，那么付出的代价就超出了那个东西本来所有的价值。它的价值不那么高，但是由于你过分地喜爱、过分地追求，使你过多地付出、使你得不偿失。『多藏必厚亡』，就是你保存的东西越多，你丢的就越多，起码丢失的危险就大得多。

说起来，老子这个说法也是一面理，比如你家里有很多收藏，你有很多的财富，我家里没有，你的东西又都是合法获得的，都是靠你的创造、你的劳动所得到的，那你还会被人羡慕被人称赞的，我会说：哎呀他可真有本事，你看他的家里那些书画、那些文物都是好东西，都是真家伙。那还是被人羡慕的。不是说你藏着就一定丢，如果你的保安做得好，你自己也很谨慎，你可以不丢。他提出的『多藏必厚亡』是从更远的一个角度、更宏观的角度来说的，他说的是对的。因为我有很多在国外旅行的经验，我就发现越是最豪华的——皇帝也好、贵族也好、富商也好，有许多许多都在战乱之中仓促逃跑，最后他的这些东西也只不过就是供大众或者是供旅游者、供游客来看看热闹而已，他当时收藏的目的什么都没达到。我在波兰看过一个马车博物馆，那个马车收藏的呀，那比现在的什么雪佛兰啊，什么宝马啊，比那个车漂亮太多了，全都是一个大贵族的马车，但是最后他能得到什么呢？你藏的越多你告别的就越多。

不要说战乱了，就是疾病和死亡使你离开这个世界的时候，你不也是『厚亡』吗？你有多少东西又有什么用呢？所以他从这个角度上来说，你藏多少你最后就得丢多少，你手里头攥着多少，你最后就要松手松掉多少。这话也是有他的道理的。

知足与知止

所以他说『知足不辱』，你自己知道什么事到时候行了，别再有那么多的收益了，你收益已经不少了。这样的话你就不会使自己走到被轻视、被非议那种相对比较耻辱的地步了，用现在的话来说，就是『见好就收』。你能不能到时候适可而止，不使自己过分到成为一个被议论、被批评甚至于被查处的对象？我相信，我们国家现今因为贪渎罪行而受到查处、受到制裁的那些人，他们最后会非常后悔，他们会想到既有今日何必当初，他本来就应该知足。

『知止不殆』，知道到什么地方就该停止了，但是这个『止』也还可以做另外的意思，就是目的，就是我知道目的，我不是一味地恶性膨胀，我既知道适可而止的这个点和这个必要性，我也知道我是要做到什么，我既然达到了这个目的，就不必再延伸了。『知止不殆』是老子的话，但是和儒家的说法又是完全一致的，在『四书五经』中有，《大学》一上来就提出『大学之道，在明明德，在亲民，在止于至善。知止而后有定』，也提出来『知止』，就是『知止而后有定』，就是你知道你到什么地方就应该停止，或者你到了什么地方就到达了那个目的地了，就到了你所要到的那个地方了，这个时候你就知道该停一停。这样的话你就有定，你就有主心骨了，你就有准儿了。所以我就开玩笑说，『有定』的反义词是什么呢？就是『没准儿』，你老没个准头，不管干什么事，写作也好、从政也好、经商也好、搞科研

也好，你没个准头，东一榔头西一棒子，你什么事也干不成，而且甚至于还会陷入泥坑、误入歧途。儒家的说法是『知止而后有定』，道家的说法是『知止不殆』，『不殆』就是你不会把自己陷入泥坑、掉入陷阱。

我们这个社会上有许许多多这样的例子，就是各种各样的骗子骗人钱财等等，所有受骗的人往往——当然我们同情这些受骗的人——但是有许许多多这样的故事，我们在媒体上也会看到，就是受骗的人为什么会受骗呢？贪小便宜！骗子给你说一个什么很稀奇古怪的事，就把你骗了，而如果你没有这种贪小便宜的心，你从来不相信天上能掉馅饼，不相信不费力就可以有所获得、就可以发展自己的私利，这个受骗上当的可能性就比别人小得多。所以老子为我们讲的这些也算是一个警示吧。

他说『知止不殆』，他又说『可以长久』，就是你能做到这一步你就长久，用现在的语言来说：你就可以可持续发展了，你就可以保持长期稳定了，你就可以长治久安了。为什么我用这些政治术语呢？因为我们要记住，老子的许多话是给老百姓讲的，但首先他是给掌权的人讲的，是针对当时的统治者的：一、君侯，二、大臣，三、士，『士』就是候补大臣，有志于当大臣的人、有志于来协助所谓治国平天下的这些人。

你不可能得到所有的『点儿』

我觉得这些地方老子讲得都挺有意思。西方也有一个说法，就是：你不可能得到所有的点儿，『点儿』也可以说分数，就是说你做任何事情在有收获的同时要考虑到付出，在有成就的同时要考虑到你还要继续付出代价，你在扩张的同时应该考虑到有些事情上要收缩，你再趾高气扬应该想到有很多地方你应该谦卑，必要的时候还要低声下气。西方有这个说法，就是说你得不到所有的点儿，总是有得有失、有进有退、有上有下。你要是能懂这个道理，你离大道就近得多，你就不会经常处在一种焦躁之下、处在一种怨恨之下，也就是说你要相信：大道本身就具备一种调剂和平衡的能力，具有调剂和平衡的特点，什么好事都让你一个人碰上这是不可能的。如果反过来你抱怨你这一辈子什么坏事都碰上了，这种可能性也比较少，当然有特殊情况，比如说得了H1N1流感死亡了，那别人也就没法替你说大道怎么能够帮助你了，这是很特殊的情况；出交通事故你死亡了，这别人也帮不上忙了。但是一般地说，大道有一种调剂和平衡的能力。

老子在第三十章里又讲到类似的问题，他是从战争来说的，他说『大军之后，必有凶年』，由于战争会造成生产力的破坏——当然古人还有一种类似天人感应的想法，你说他是迷信吧，又很难说完全是迷信，他认为大兵之后就会出现洪涝或者干旱或者虫子或者这样一类的天灾人祸。我为什么说他不完全是迷信呢？因为战争会对社会的生产力、对社会的正常秩序造成负面的影响、造成破坏，所以大军之后紧接着有各种各样的灾荒，这完全是合情合理的、是可能的。『以道佐人主者，不以兵强天下』，这当然是老子的乌托邦了，带有空想的成分，但是作为一篇文章，作为一个书生论战，这意思还是好的。他反战，他认为你真正掌握了大道，你不要靠武装力量靠武力去逞强，然后他又说『善有果而已，不敢以取强』，你如果用兵、如果搞政治斗争，你得到了成果、达到了你的目的，行了。『而已』这个『已』是当停止讲，你不是胜利了吗？行了！『不敢以取强』，你用不着因为这个胜利就耀武扬威起来，你不敢因为这个就自以为永远处于强势，实际上没有这样的事。

物壮则老

我们看历史，有很多的强国、有很多的大国，但并不是强国永远强，并不是大国永远大，所以不要取强。『果而勿矜，果而勿伐』，这又和前面说的那些『不自矜』『不自伐』——你看《老子》是五千字，这五千字里有许多非常一致的思想，甚至于有重复，但是这个重复对于老子来说是必要的，因为他要强调说，你不能因为有成果因为战事的胜利或者因为事业的成功，就自吹自擂、骄傲自大。『果而勿骄』，你也不要因为这个就骄傲。

老子还喜欢宣传的一个观点是：『物壮则老，是谓不道。不道早已。』他说一个东西发展到最强壮的时候也就开始衰老了，这都是实话，你想一个人达到了最高峰的时候，他底下就肯定要走下坡路。『是谓不道』也就违背了大道。『不道早已』，你要违反了道，你完蛋得就快，你死亡得就快，你走下坡路就快，所以要警惕自己，不要达到这个巅峰。当然这个话我们两说着，说『物壮则老』，有时候我也想跟老子抬杠：你说『物壮则老』，可物弱的话老得更快是不是？你病病快快一辈子没壮过，你的人生不是更可悲吗？小时候你先缺钙，得佝偻症，大了以后你得肺结核，到了中年的时候又是肝炎，你老得更快了，四十多就变成小老头了。这个也是可能的。但是老子讲这个话，尤其是为那些统治者讲，就是你不要急于称霸天下，那些诸侯国家——当时说天下，其实也就是中国这个范围——你不要把自己发展到顶端，发展到顶端反倒是危险的。

付出必须超前，收益往往滞后

老子讲的『夫唯无私，故能成其私』，对于我来说还有一个很特殊的感受，就是说这不仅仅是讲你应该怎么样做人，不仅仅是讲怎么样使你的做人符合大道的原则，他这个『唯无私故能成其私』，我老觉得这里头还有一种人生的况味、有一种人生的感受、有一种人生的感想。

要知道这个人啊，往往是在年轻的时候做事特别急，他特别觉得自己什么都需要，因为年轻的时候他拥有的成绩，所谓『果』，那个果实的『果』，他最少，所以那个时候他最急于求成，那个时候他如果有私心，表现出来的也比别人更明显。可是越是在那个时候他越得不到私。什么原因呢？我们想一想，这个人生啊，往往付出需要超前，收益往往滞后，你想想谁不是这样？年轻的时候，你要学习，你有很多东西不懂，别人对你也不了解，社会对你也不承认，所以你的付出要非常的超前。一个运动员也是这样，他从小就上体校，我们现在有一些奥运会的金牌获得者几乎很少有别的儿童少年的娱乐，很少在自己父母的跟前得到家人的宠爱，而是从很小就开始练上了，那不得了啊！很辛苦啊！所以付出永远是超前的，而这个收益往往是滞后的。你付出最多的时候——对不起，那时候没有见成绩，相反的，这个收益是一个长期积累的过程，你已经积累了很多很多了，已经不是像当初那样的拼命了，你比较得心应手了，你也不像原来那么紧张了，你的私心杂念比任何时候都少了，这个时候有了收益了，你『成其私』了。『夫唯无私』，你这时候的私心杂念少多了，因为你也成长了，可是这时候『成其私』了，应该得冠军的得冠军了，该得奖金的得奖金了，该受表扬的受表扬了，该得到提拔的得到提拔了。这样的例子无其数。

牙与花生的人生况味

所以我有时候非常感慨老舍先生在《茶馆》中写过的一句话，后来又被很多相声演员所引用。说什么呢？说：你有牙

的时候没有花生豆儿，等您有了花生豆儿了可是又没牙了！这个话的意义非常多，它是讲人的衰老的，你年轻的时候——花生豆儿就指财富，或者是指本事，用今天的话来解释，就是「私」——你那时候成不了私，你有牙但是你成不了私。后来你没有牙了，你已经没有原来那些最好的条件了，这个牙就是「私欲」，就是争夺心，就是希望得到私的那个愿望和手段，等到你没有什么牙了，没有那么大的私欲与争夺心了，叫「夫唯无私」，你现在反倒有了花生豆儿了，反倒有了收益。

搞写作的人也是这样，越年轻时候越是浑身长牙，看不起已有的一切，看不起前人，坚信天降大任于自身，文学将从自身开始。现在有些「八〇后」就是这样，一身的牙，但是花生豆儿花生仁儿（作品、知识、经验）都有限，可牙很厉害，其实我当年也是这样，我是「五〇后」，我也认定自己应该吃掉，将会吃掉与消化所有的花生仁儿。

这是一种人生的况味。我觉得我们与其把这个「夫唯无私，故能成其私」仅仅是当做一个道德教训来讲，不如把它当做一个大道本身的特色来讲，也不如把它当做一个人生的况味来加以咀嚼、来加以叹息：你太私了，你牙齿太尖利了，对不起，你达不到目的；你只有好好地付出，付出一定要超前，收益滞后；但是真正有了收益了，花生豆儿挺多了，你牙口儿也就不行了。所以人生不要太自私，花生豆儿大家吃，不要光想着自个儿吃花生豆儿。

第十四讲　得道者的风度

风度与举止

有一个非常有趣的问题，就是老子在他的《道德经》当中是怎样论述一个得道的人的：他的举止、他的风度、他的风采。其实不仅仅是中国，古今中外都很重视个人的风度风采，像魏晋南北朝的时候，说一个真正的高人，就说他站在那里玉树临风，非常之美。外国人也非常重视这点，用很多的词，比如马克思说：风格就是人。英语叫做 style，也是风度也是风格，还可以用 mode，叫做范式，还可以用 manner，叫做举止，还可以用 fashion，叫做时尚。英语里用一系列的词，说一个人怎么样，就是说你远远地一看，或者从外面一看，怎么样可以看出来这个人是一个有学问的人、是一个文明的人，是一个有知识的人，是一个令人尊敬的人。他们也很重视这个。

《老子》第十五章说「古之善为士者」——有的版本说「古之善为道者」，但是我觉得这个问题并不大，因为老子所讲的「善为士者」并不是说你能够出谋划策、伎俩特别多、鬼东西特别多，他说的不是这个意思，他说的「善为士者」正是那个得了道的人，所以「善为道者」「善为士者」，我们不必在这上面使太大的劲——「微妙玄通，深不可识」，这个可是有点意思。微妙，我们现在还用这个词，这是一个很现代的词，说真微妙啊，却原来老子在那么恒久的两千多年以前已经用过这个词。「微」就是精微，就是细、就是精，就是明察秋毫，就是这个道理，本身又相当的巧，所以才叫微妙。实际上我觉得应该解释成「智慧」，这种智慧令人赞叹、令人叫绝、令人五体投地。

「玄」是指它的概括力，庞朴先生考证这个「玄」字在古代实际说的是水在打漩，它是象形的，因为古代在创造每一个抽象的字的时候，往往都是有大自然的一个具体的现象作为它的参照物。我们今天说的「玄」是带有一种概括性、抽象性，一种弹性，一种在智力上能够给你很大启发而又不是日常生活中所有的东西，叫「玄通」，它又很明白很通达。

你有了大道以后，第一你很精微，第二你很智慧，第三你很独特、你很概括，别人还不容易摸清你的底细，第四你什

么都明白，你该上哪儿就上哪儿，可以什么都是，变成古人叫『通人』的智者。通人就是很多知识他都有，他都能读得通、能想得通、能说得通，这样人的叫『微妙玄通』。

深不可识

底下的一句话是『深不可识』，得道的人，别人一下子还摸不到他的底细，还了解不到他的这个道，因为这个道太深奥了，不是一般人能够理解的。这个说法，必须承认我至今并没有完全弄明白，因为老子在另外的一些地方又讲知白守黑，又讲和光同尘，又讲『朴』，『镇之以无名之朴』，就是一个人应该很朴素，应该很原生态，但是他为什么同时又说他是深不可识的呢？这一点我不能解释得非常周全，我自己还不能做到深不可识，但是我愿意试着解释一下深不可识是什么意思。在东周的时候，在春秋战国的时候，『道』的思想还没有成为共识，因此你不容易被理解，相反那些纵横家、那些阴谋家、那些兵法家、那些整天游说于各诸侯国之间，搞富国强兵、统一天下的这样一些人，他们容易被识，而你主张『道』、主张自然而然、主张无为而无不为，你不容易被识，有这方面的含义，我也希望听众当中，或者专家当中，对我有所指教。

他这个说法还有一条，老子在另外的地方又讲过『国之利器，不可以示人』，就是真正的『道』，真正的最伟大最玄虚又是最巧妙最自然的『道』，你不必急着给别人讲，你讲他也听不明白，老子也有这个意思在这里。特别我们要考虑到，老子的许多说法是讲给侯王们、执政者们、有野心取天下者们听的，他们当然必须深不可识，不可被百姓更不可令敌国盟国邻国一眼看穿。

那么这些话对人有些什么启发呢？就是说：你不要认为非得要求别人了解你，非得让别人也和你的『道』采取共识，采取相同的认识，因为你掌握的『道』越深奥，别人对你的了解、对『道』的了解越有限，越会显出差距来，对此你不必怨天尤人，对此你也不要摆出一副自己是什么样的瑰宝，别人不识货。你不要有这种思想，既然你掌握了『道』，你就深不可识，别人一时半会儿弄不清你的学问；甚至于深不可识你才能在取天下的斗争中取胜。我觉得他讲的从这个意义上，也许对人还会有启发。

勉为其难的形容

然后老子接着说『夫唯不可识，故强为之容』，正因为不可识，我很勉强地把它描绘一下，『容』就是形容一下。在《老子》当中，起码他是第二次用相同的方式，他说过『道常无名』，『道』本来是没有名称的，没有一个概念能表达，『强为之名曰大』——这次他说一个真正的掌握了道的人深不可识。是他戴了面具？他不是，他穿了隐身衣？他也不是，怎么形容呢？他用的是文学的说法，他用的是比喻的说法，他不是靠命题、靠概念，而是用文学的说法。

他说什么样呢？『善为士者』『豫焉，若冬涉川』，『豫』是小心谨慎，他小心谨慎得就像冬天过河一样。他说的是冬天过河，为什么是冬天过河呢？一个是有冰，一个是水太冷，要是掉在水里头的话，你受不了，夏天过河你可能不那么谨慎，如果你游泳，古代叫凫水，你凫水凫得好，你就不谨慎了，你是阮小五、你是阮小七、你是浪里白条张顺，那你就没有那么谨慎了。可是他提到冬天过河，他没提冻冰不冻冰，你都得小心谨慎，碰到冰也不行，冻死了不行，淹在里头也不行。

『犹兮，若畏四邻』，你有点拿不定主意，就好像你害怕你的邻国——这个四邻不一定是邻居——害怕你周围的环境对你有什么威胁，因为春秋战国的时候，谁对谁那么铁啊，那都是各争各的利益，叫春秋无义战，所以你做什么事拿不定主意，你要多考虑考虑、多琢磨琢磨，要慎重决策，就好像你受到了邻国不良的对待，甚至于攻击一样。

『俨兮，其若客』，『俨兮』也就是说你还得正正经经的，你得自己有所控制，就像去做客或待客。这里老子说得也很实在，家里要没人，你当然相对比较放肆，穿衣服也不用很在乎，说话或有时候你咳嗽一声、打个喷嚏都没有关系，但是你去做客或待客就应该比较严整，对自己的举止行为应该有所控制，这些地方的说法有些和儒家相像，儒家就说一个人做事要战战兢兢，『如临深渊，如履薄冰』，就是说就好像你前面就是一个深渊，你一步走错掉进去了，对不起，一失足成千古恨；『如履薄冰』，你得试探着走，你如果不试探可能掉冰窟窿里头了。所以这里也讲究小心谨慎。

其实在老子通篇的论述当中，和儒家的思想并不是有很多相同的语言或相近的地方，他总是比较另类，或者逆反，但是在这一章里面却有一些相近的地方。这些地方我觉得也挺奇怪，因为别的时候他没有说过这些话，说你要小心谨慎，相反他都说大道之行，自然而然，都是讲『道』一曰大，二曰逝，三曰远，四曰反，他都是讲得非常大的，偏偏这个地方他讲要小心谨慎。

解冻说的滥觞

但是底下有些话就有点不一样了，他说『涣兮，若冰之将释』，『涣』，在现在是个坏话，就是涣散，是一个贬义词，

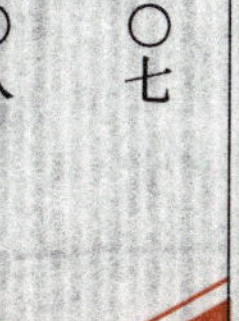

但在老子这里是慢慢地放松，慢慢地松散，就像冰开始化一样。这个词也挺好玩，因为当年，五十年代中后期，苏共二十大以后，赫鲁晓夫上台，对斯大林有所指责、有所批评，然后苏联的社会生活就有一些稍微放松的迹象，当时就被西方世界甚至于也被苏联的知识分子称之为『解冻时期』，而且爱伦堡——他是一个苏联国籍的犹太作家，他很有名，他写了一部中篇小说，这部中篇小说就叫《解冻》。过去我们认为解冻这个词是指苏联的那个特定的时期，我重温《老子》，忽然发现老子早就说过解冻，说『冰之将释』，就是冰凌快融化了，这不就是解冻吗？这是很好玩的一个说法。

『敦兮，其若朴』，他厚墩墩的还挺实在，就像原生的木头一样。这个形容也特别好，我底下还要专门讲这个事情。

『旷兮，其若谷』，他很开阔，就像山谷一样，他能够容纳各种各样的东西，山是很高的，但是它胸怀开阔。

下面又有一个我们今天常用的词，他说『混兮，其若浊』，他是混杂的，他是包容的，所以他好像并不那么干净。混浊，我们一般是把干净看成一种美德，把混浊看成不好的贬义词。但是你想一想，这个世界是很复杂的，用黑格尔的说法：世界是杂多的统一。如果一个人太纯了，纯而又纯，这个从生理上也不是好的。比如吃东西，应该是杂食最好，比偏食偏饮要好得多。接触知识也一样，你的知识越杂越好，当然可以有你的专业，但是你除了专业其他的什么也不知道，你相对就比较幼稚，就比较容易会有错误的判断。你在社会上的经历，实际上也是一个越来越复杂的过程，水至清则无鱼，人至察则无徒，要知道世界上的人是各式各样的，你不能要求别人都跟你一样。所以他就说一个真正得道的人，从大道的观点鸟瞰这个世界，或者说他是『欲穷千里目，更上一层楼』，他的印象是杂七杂八的，是混浊的，而不是单一的，不是单调的、单色的，或者只有两种颜色黑白分明的，他未必，这些地方他说得都很有意思。

温温恭人

他前面说的小心翼翼的那一面，让我想起了《诗经》里面的一个形容：「温温恭人，如集于木」，说鸟「集」——在古代这个字是什么意思呢？「集」就是一群鸟停在一个树枝上，这个「集」的上半拉就是那个鸟字的表现，过去写「集」也是这样，下面是个木，也很形象。这个形象在哪里？第一，这些鸟互相都很客气，第二互相都很小，因为如果就这么长一根树枝，停了八只鸟，你要是不讲理，一挤你可能把人家给挤走，也可能自己就站不住了。所以这个形容太好了，这是《诗经》里面的话，「温温恭人」，互相之间和和气气，而且互相尊重，谁也别动谁的地盘，别乱挤，你一乱挤，咱们谁都没有好处，谁都不能在这个树枝上停留了。

「温温恭人」为什么特别吸引我呢？就是它把谨慎小心、慎重与温和、亲和、客气结合起来了，它不是光让你小心。这话就不比「如临深渊，如履薄冰」那样有点恐惧感：这个社会怎么了？一步走不对就掉进去了，掉进坑里了。那个说法显得太危险了，而这个说得特别可爱，一群小鸟在一个树枝上，在这个树枝上我们不要损害别人，不要损害别的鸟，你损害了别的鸟，你自己也没有待的地儿了。哎呀，这个实在是说得非常好，遵从诗教的传统，这是儒家最喜欢的。

《诗经》的总编辑是孔丘，孔子的学说追求一种什么样的风度呢？是一种合情合理的规范、义务、秩序和自控，孔子讲许许多多的让人不要这样、不要那样，注意这个、注意那个，但是从孔子本身来说，他追求的是那种合情合理的东西，后人有人把他搞得太过分了是另外的事情。所以朱熹怎么解释孔子的？他说读孔子如沐春风，就像在春风里面、沐浴着春风一样，因为他讲的都很合乎道理，就像刚才说的一群小鸟「温温恭人，如集于木」，这不是如沐春风吗？

而且《论语》里头就讲「暮春者，春服既成，冠者五六人，童子六七人，浴乎沂，风乎舞雩，咏而归」，到了暮春了，拿北方来说，就是四五月份的天气了，这个时候二十岁以上的有那么五六个人，还带着几个小童，然后大家有点像春游一样踏青去了，「沂」是沂水，在水里头浴，在水里头洗了洗脸——游泳，我觉得还有困难，要看什么地方了，暮春就下水游泳啊？反正就是在水上洗了洗，然后跳舞，「舞雩」就是一种求雨的舞蹈，简单地说是在外头又唱又跳，然后「咏而归」，「咏」也是歌咏的意思，唱着歌就回来了，有点像春游的意思。这是孔子追求的一种生活，他并不是一个道学先生，让你天天规规矩矩立正，连稍息都没有的这样一种人。

孔子、老子的风度说比较

孔子对人的风度也有很多说法。老子对人的理想就是得道，成为一个有道德的人、成为一个圣人。孔子的说法是他一上来就说的「人不知而不愠，不亦君子乎」，别人不是故意来损害你，你不要生气，别人由于没想到，说了一句你不爱听的话，或者碰坏了你一件东西，你不要生气，遇到这种事能不生气的人，这就是君子了；不是说一损害我，我就跟别人急，他不是这样的人。他说的其实特别简单，容易接受。孔子的主张、儒家的主张里讲「君子坦荡荡，小人长戚戚」。这个和老子说的又有点接近，老子说「旷若谷」，胸怀就像山谷一样，里面有那么多的包容；这和老子也比较一致：说「小人」——只有斤斤计较私利的、没受过教育的、目光短浅的、品行比较差的这些人，他们才整天忧心忡忡、嘀嘀咕咕。儒家还讲「己欲立而立人，己欲达而达人」，就是说他也考虑到旁人的利益，互相尊重，因而自己的利益也得到维护，这一点是和老子起码可以互相并行不悖的。

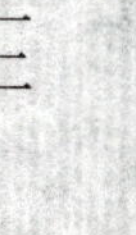

但是老子更强调的是自自然然的淳朴，这里面他说的这么一大堆，我最想多讨论的是『敦兮，其若朴』，因为老子在其他地方又讲人有很多欲望，有了这些欲望，就会有一些不适当的行为，遇到这种情况『镇之』，我要把它镇住，怎么镇住呢？就是要提倡朴，提倡朴实、提倡朴素、提倡淳朴、提倡朴厚，古人认为人越朴实越接近原生态，他就越厚道，他不那么斤斤计较，更不是那么勾心斗角。所以对『朴』的提倡也是老子学说中非常重要的一个概念，是仅次于『道』的一个概念。什么是道呢？就是能做到朴。有时候我还想用我们今天非常喜欢讲的一个词，就是诚信，就是说我们感觉到在市场经济当中，如果一个人、一个企业、一个公司、一个团体失去了诚信，如果变成了三鹿奶粉，那种情况下你简直就变成了一个公敌，变成了大家所不齿的一种人物。但是怎么样才能做到诚信呢？诚信的人的风度应该是什么样的呢？应该是比较朴素的，不搞那么多曲里拐弯。老子这种对朴的提倡，是值得深思的。

森吉德玛与兰花花

作为一个文学艺术的从业人员，我还特别觉得感动的是，我想了想，世界各个民族和我们中国的各个民族里，都有一种最动人的民歌，这种民歌歌颂一种原生态，用最简单的语法、不加任何装饰地来树立一个非常朴素的、非常淳朴的少女的形象，作为爱情之神、作为爱情的象征。譬如说蒙古族，我最喜欢的歌《森吉德玛》，它一上来就唱：碧绿的湖水，明亮的蓝天，比不上你的纯洁——它是树立的这个；维吾尔族《阿拉木汗》：阿拉木汗什么样？长得不肥也不瘦——它说得更朴素，更简单了，阿拉木汗什么样？他也没说她是明星，他也没说她有多大的收入，也没说她有多高的学历，她就是长得也不肥也不瘦；汉族《兰花花》：青线线那个蓝线线，蓝格英英采，生下一个兰花花实实的爱死人。这不是偶然的，为什么各个民族，外国也一样，都要树立一个非常纯洁的、非常天真的、非常朴素的、没有经过任何的装扮和矫饰的、不带任何伪装的这样一个美的形象，这样一个任何人都能接受的、都无法轻视的一种好的形象？我不是说创造这些民歌的人都学过《老子》，没有这个意思——我这个说法可能有点匪夷所思：我从《阿拉木汗》想到老子讲的得道者的风度了——这两者它暗合。说明天下有一些道理是一致的，是相通的，而且能包容。

『旷兮』『混兮』还意味着包容，包容的思想对我们来说也有很大的好处，对有些东西，我们在没有熟悉它、没有弄清楚以前，我们可以有所观察、可以有所期待、可以有所分辨，不要急着去排斥。在改革开放的年代，这样的思想更有意思。一般的情况下，我觉得这种包容，这种假以时日慢慢弄清它对人到底有好有利，还是有害有损伤，比我们见到不熟悉的东西立即予以排斥，比那样的选择是更好的。

我们现在想，如果有了老子这些东西：既有小心谨慎的一面，又有很温和、很包容的一面，既有该紧张的时候紧张的一面，也有该解冻的时候放松的那一面，这样的话你的风度是不是就比较好了，你的人格会是一个完整的人格。如果你只有紧张谨慎小心恐惧防备这一面，别人怎么跟你接近呢，没有办法接近。或者你只有大大咧咧随随便便马马虎虎这一面，那你也办不成任何的事了。

所以老子说的这些形容，『豫兮，若冬涉川』，该小心的时候咱们就像过河一样，现在不说『冬涉川』，说摸着石头过河，那个地方深一脚浅一脚，你把你的脚掌握好了。『犹兮，若畏四邻』，你做什么事情要考虑到四邻的反映，而且你还要有一定的警惕性，你不能够对自己的利益漠不关心，你不能丧失警惕，你还得有忧患意识。『俨兮，其若

客』，你不要太放肆，对自己要有所控制。『涣兮，若冰之将释』，你该放松的时候就放松，该轻松愉快就轻松愉快，你不能老是那么紧紧张张。『敦兮，其若朴』，你又很诚实很朴厚，就像那原生的木头一样，这个『朴』字最早时指原生的木头，木头没有经过砍啊削啊锯啊刨啊凿啊，没经过这些，就是该什么样就是什么样。『旷兮，其若谷』，你就应该很豁达，胸怀豁达，宰相肚子里能撑船。『混兮，其若浊』，你对于比较杂的东西可以先都掺和着，先考虑考虑、消化消化，先不必急于把它排除出去。如果做到这一步，这个人格应该说算是相当的完整了。

动静与浊清

再底下有一句话『孰能浊以止？静之徐清。孰能安以久？动之徐生』，就是遇到这种情况：有点太混浊了，太脏了，你静一静，沉淀一下，它也就清爽了，不能说因为它混浊，你就把这个水给倒了，或者因为混浊就视这个水为敌，拿刀去砍，或枪毙这个水，或冲它放枪扔炸弹都不行，你保持平静，平静以后它就会有所沉淀，它就慢慢地清了。

你为了保持安稳还要『动之徐生』，你要太平静了、太死板了、太板结了也不行，这个时候就要适当地运动一下，适当地动一下，让它焕发出生气来。古人对这个解释有的把第二句话当坏话来解释，说本来『静之徐清』挺好，但是你没事找事，一动就生事了。这样的解释也都是名家的解释，我对此不便于发表什么意见，但是我个人感觉不出是批判的意思，我觉得这两句话起码对我来说都挺好：有点混浊了，你等一等，所谓混浊就是有点乱了，你就稍微静一静；讲话也一样，或者话说得有点乱，稍微把节奏放慢一点，静一静、调理一下，如果讲得太呆板了，那咱们就『动之徐生』，可以动一动，可以加一点肢体动作，可以说两句笑话，可以让它变得生动一些。

风格是可以自我调节的

我觉得人生就是这样！这是什么意思呢？就是说风格本身并不是僵死的，不是一成不变的，而是可以自我调节的，这两天你过得太静了、太安稳了，你想办法活动活动，看看朋友，该旅行旅行，该上哪儿走一趟就走一趟。如果你跑得太多了，脑子里乱七八糟，书也看不下去了，那你要好好休息一下。所以这种所谓完全的人格包含着一个内容，就是自我调节，就是说不让他偏重于某一方面。我觉得这个意思也是一个非常好的意思要有一种自我调节的能力。

我常常喜欢讲：对于一个人来说，不管他是行政、是从政、是为文、是经商、是居家过日子，有两个能力是最可贵的，两种感觉是最可贵的，一个是分寸感，一个是节奏感。分寸感就是你做任何一件事也不要劲儿使得不够，也不要偷奸要滑，不要偷懒、不要老想着坐享其成，该使的劲儿你都要使上，但也不要太过，使了一段劲儿了，收效如果不是很理想，你稍微停一停，看看是不是用力太过了，过于偏执了，或者话说得太过了。

再有一种就是有节奏感，一张一弛，有紧有松，有进有退，我觉得这是老子理想的人格，如果做到了前面所说的这些东西，他就是有了自我调剂的可能。

老子又说『保此道者不欲盈。夫唯不盈，故能敝而新成』，所谓自我调剂是什么意思呢？就是不管什么时候，你都不要把你的状态当成是一种最佳状态、是一种盈满的状态、是一种到了头的状态，不！什么叫到了头了，完蛋了才是到了头了，你只要没完蛋，你还在学习、还在工作、还在生活，那你就有调整的空间，有调整的可能性。认识到自己的举止、自己的方法、自己的行为、自己的言辞都有调整的空间，可以说你就有一种生机，你就有一种矫正自己、

[illegible]

风格是可以自我调节的

[illegible]

我常常喜欢讲，对于一个人来说，不管是从政、是为文、是经商、是居家过日子，有两个能力是最可贵的，两种感觉是最可贵的：一个是分寸感，一个是节奏感。分寸感就是你做任何一件事也不要过分，也不要不够，[illegible]使的劲儿你都要使上，但也不要太过，使了一段劲儿了，[illegible]如果不是很理想，你能够[illegible]，看看是不是用力太过了，过于偏执了，或者话说得太过了。

再有一种就是有节奏感，一张一弛，有紧有松，有进有退。我觉得这是处于理想的人格。如果做到了前面所说的这些东西，[illegible]就是有了自我调剂的可能。

老子又说一条，“保此道者不欲盈，夫唯不盈，故能蔽而新成。”所谓自我调剂是什么意思呢？就是不管什么时候，你都不要把你的状态当成是一种最佳状态，是一种圆满的状态，是一种到了头的状态，[illegible]才是到了头了。你只要改变，你还在学习，还在工作，还在生活，那你就有调整的空间，有调整的可能，认识到自己的[illegible]、自己的方式、自己的语言都有调整的空间，可以说你就有一种新的自己。

自我矫正、自我控制、自我调整、有所前进的这种可能，反过来的话你自己就是把自己的路都封死了。所以他在讲到这些以后，要你能够真正按『道』作为：你不要盈满，你不要把自己搞死，不要把自己搞僵，不要就这么两三句话来回地说，再没有别的学问，什么新东西都接受不进去。这个提的也可以说是非常好。

踮着脚站不稳

还有一些地方，老子不是专门讲风度，但是我们今天拿过来讲风度特别合适，而且讲得非常好玩儿，讲得非常生动，就是《老子》第二十四章，他说：『企者不立；跨者不行；自见者不明；自是者不彰；自伐者无功；自矜者不长。』他一上来说的『企者不立』是什么意思呢？就是你站起来有多高就是多高，你别老踮着脚，你很难用踮着脚的方式来站立，站不长久，是这个意思。当然老子那个时候没有芭蕾舞，芭蕾舞有足尖舞，足尖舞也是表演的时候才用，不是说芭蕾舞演员回家或者上街都用足尖走路，那也不可能。所以他的意思是不要勉强、不要作秀、不要做自己实际上做不到的事，应该自自然然的，应该承认现实。你一米八当然很好，你用不着踮脚了，你一米七也很正常，你一米六那也没辙，你拼命踮脚、踮半天人家一看也不认为你是个大高个儿，也不会因为你踮脚就把你选到篮球队里去。所以这里他讲了一句非常好玩儿的话，说『企者不立；跨者不行』。你走路不想一步一步地走，你老想连蹦带跳，一步就走别人十步八步的路，反倒走不远。

中国有一句话叫做『欲速则不达』——当然如果从历史上从政治上说，也有一种超阶段的、跨越超阶段的跃进，但是超阶段的跨越和超阶段的跃进，也是在有了一定的条件之后，有了一定的客观规律之后，按照这个规律可以做到某种跨越。还有一条就是跨越了以后，还要在后面接着补课，把你原来没有完全做到的那些事情、进入新阶段以后在老的阶段没有完成的事补课。所以他说的『跨者不行』，我想我们应该这么理解，就是任何事物还要有自己的步骤、有自己的过程，然后他说这些东西就像『企者』『跨者』，就是老想着靠踮脚尖能超过姚明，或者你老想着不用正常的一步一步的步子，能够比火车跑得还快。如果这样的话，这叫做『余食赘形，物或恶之』，『恶』在这里是厌恶的意思，『故有道者不处』，『余食』就好像剩饭，是你所不需要的，比如说一米六是你的饭，你踮脚以后变成一米六一、变成一米六一点五了，那一点五是你的剩饭，是『赘形』，就好像你脸上长出一个瘊子，或者本来五个手指头，这又出来一个杈，出来一个六指，这些东西是多余的，别人会讨厌。

这里老子说的又非常实在，我又觉得不是深不可识了，浅显明白、通俗易懂，凡是自己身上没有的东西，你用一种勉强的方法、用一种不肯承认现实的方法，给自己往脸上贴金，只能引起别人的厌恶。所以老子在这里又非常通俗：你的风度、你的风采，你想不想玉树临风不要紧，你是不是让别人一看到你就如沐春风，这也不要紧，但是起码有一条，别惹人讨厌。

起码不要惹人讨厌

我觉得『恶之』『有道者不处』，要给它一个最通俗的解答，就是不要惹人讨厌。老子对风度的这些说法，我觉得挺好，因为它既有大道的高度，又有一种亲和力，让你不觉得人掌握了『道』以后了不得了，跟神仙似的，你走过去以后都害怕、都哆嗦。他没有这种感觉，他让人觉得是很普通通自自然然平平常常。同样我们也可以从反面、从我们的生活当中

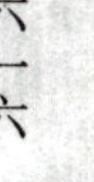

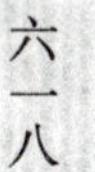

或者从小说的人物当中，找到这种「余食赘形」，令人讨厌的这种人这种事。譬如说喜欢挑拨是非的人、喜欢找事的人、喜欢老是跟人别扭的人。

就说《红楼梦》里，别的人物写得都立体，但是有几个人物曹雪芹特别不喜欢，那人物一出来就招人讨厌，赵姨娘是一个，还有一个就是邢夫人，贾赦的夫人。小说里特别说了邢夫人有一种「左性子」，这个左性子跟现在说政治上的「左」没有关系，跟说谁是「左爷」也没有关系。它的意思是什么呢？就是她老跟别人拧着，干什么事都找别人的茬儿，什么时候她都制造事端。所以，作为人，我们除了讲应该有什么样的风度以外，我们还要想一想人不应该有什么样的风度，不应该有「余食赘形」，不应该在那儿制造是非，不应该在那儿没事找事，老是和别人闹别扭、制造不团结。

风度表现了人的生活质量

这些地方，老子所说的可以说也是一种帮助吧，从这里我们可以想到什么叫做风度。风度就是人的风度、就是你得道的程度，风度就是生活的质量，风度就是又伟大又亲和，风度就是人格的魅力。能做到像老子所说的这样的人，他又好接近，又对人没有任何的伤害，你跟他在一块儿会很舒服，他形容的风度确实也很理想。

老子在第二十章里还讲到——这个和风度也有关系——他说「唯之与阿，相去几何？善之与恶，相去若何？」「唯」就是——我老开玩笑说「唯」是法语，就是yes，就是「是」，法语是「唯」，我说「阿」是斥责。你对事对人点头称是和被人斥责相去几何？对老子来说，被人称赞和被人贬斥、被人驳斥，他不认为这是多了不起的事，这不过是外界的反应。我说的话对就是对，错就是错。你同意，我是对的，你反对，我还是对的。除非我自己说错了，你同意也没有用。

他说「善之与恶，相去若何」，有人说这个东西很善，有人说这个东西并不善，有时候这之间相差也未必是像俗人所想象的那么远。但是「人之所畏，不可不畏」，老子又说了点儿老百姓的话，有点像小人物的话，他说：可是别人都怕的呀，我也不能不怕，人家都躲的事，我也要躲着点。整个《老子》里，这样的话也非常少，就跟前面说要小心的话一样。遇到这些，老子那个普通人的劲儿、老百姓那个劲儿就出来了。他说「人之所畏，不可不畏」，如果大家都烦，这样算了，我也别挨这骂去了，我也别找枪子儿撞去了！「荒兮，其未央哉！」这种情况是很荒唐的啊！你不许说的话，我也不敢说，这是很荒唐的！但是这种荒唐现在还是正甚。

提倡淡泊

「众人熙熙，如享太牢，如春登台」，人很多，熙熙攘攘，「享太牢」是去宴会，好像是大家都到那儿「撮」去了；「如春登台」。我独泊兮，其未兆」，而我呢，我很淡淡的。他又讲了风度的一个特点，泊就是淡泊的意思，就是淡，就是我对什么事都不是那么热衷。他说我不显出对各种事有多热衷：我也非得跟着吃去，非得跟着玩儿去，我没有那个劲儿，我把这个事情看得比较淡泊。这个也是老子的特点，老子在其他的地方也讲过很多这一类的话，他要求的是一个「淡」，要求「淡泊」，不要求很强的刺激，也不表示过多的情绪化；如「婴儿之未孩」，古人解释说「孩」指的是「笑」，就好像这个婴儿还不会笑。可能该这么解释：婴儿小到什么程度呢，就是连笑都不会笑；「傫傫兮，若

无所归』，甚至于我还有点潦倒、有点孤独，过去说『傫傫兮，如丧家之犬』，就是说我还有点孤独，我还有点潦倒，好像我找不到回家的路；说『俗人昭昭，我独昏昏』，越是俗人越明白，什么他都知道，可是我呢，我对很多事昏昏。昏昏是什么意思呢？我不认为世界上的各种事情都是可以一眼看穿的，都是可以做出黑白分明的论断的，所以别人看出来了，我还有点糊涂；『俗人察察，我独闷闷』，就是说越是俗人、越是没有多大学问的人，什么事他看得明白着呢，他自以为是明察秋毫；可是我呢，我没有什么把握——这个地方我也可以念闷（去声），但是我愿意把它念成闷（阴平），说你闷着吧，因为这个事你还没有把它弄清楚，你还不够清楚。

『众人皆有以，而我独顽似鄙』，『有以』就是有原因，每个人做每件事都认为自己是有原有因、有根有据应该给我提级，因为我已经参加工作多少年了。一般人都觉得说什么话、干什么事都有把握，可是我自己呢，我自己『顽似鄙』，不把自己估计得那么高；『我独异于人，而贵食母』，我为什么和别人不一样呢，就是因为什么事我都要往终极考虑，都要从根源里考虑，我都要从它的缘起来考虑，当我对什么事都从缘起来考虑的时候，我没那么有把握。我不是说我说什么就是什么，不见得，我抱着一种求知的态度，我抱着一种探讨的态度，我抱着一种探索的态度，所以我宁可认为自己有点糊涂、宁可认为自己有点傻、宁可认为自己有些事没有那么清楚。

这段话，我认为既有老子的自嘲，也有老子的不满，但同时也有老子对一个得道者的风度的刻画。就是不应该只跟俗人相比：我没有他们厉害，他们多明白啊，他们什么事都知道，他们想干什么就干什么，他们是又吃又喝又热闹；我冷冷清清。这里他又说到了所谓得道者的风度的另一面，哪一面呢？就是要有自己的特立独行。你说和光同尘，不

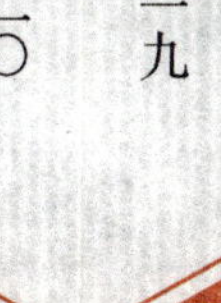

随和是不行的，但是你全都随和了，什么都跟着大伙走了，你自个儿没有见地，甚至于当大家对于一件事情的认识并不正确的时候，你也跟着起哄，那你还有人格，还有令别人赞服的优点、长处吗？你没有了！

老子有时会说反话

所以老子这段话是他内心最复杂的地方，他是说反话，『众人昭昭，我独昏昏』，这是反话；『众人皆有以，而我独顽似鄙』，这也是反话。老子经常是反话正说、正话反说，你看他嘲笑了自己，但你又觉得他挺骄傲的，为什么呢？他敢说：我跟众人不一样，我和俗人不一样，我和那个见着好吃的赶紧去抓、有玩儿的机会赶紧去玩儿的人不一样。老子还是非常自信的，不但非常自信，甚至他还挺牛，所以他又有这一面。

至柔为上

老子在第四十三章里讲了一段话，这段话可以从兵法上讲、可以从军事上讲、可以从政治上讲，但是也可以从风度上讲，他说什么呢？『天下之至柔驰骋天下之至坚』，天下最柔弱的东西、最柔软的东西，可以去主宰、可以去运作那个最坚硬的东西，可以去运动那个最坚硬的东西，让那个最坚硬的东西跟着你跑；『无有入无间。吾是以知无为之有益』，并不存在的、你看不到的东西可以进入那个无间的东西——没有任何缝隙的东西，但是我进得去。什么叫『至柔能驰骋至坚』呢？你是最坚硬的东西，但是我靠我的没有什么反而能够影响你这个最坚硬的东西。他说，这样的话就知道『无为』的好处。『不言之教，无为之益，天下希及之』，不言而能够教化别人、能够感染别人，你不做，但是你能够产生效益、产生好处、产生成果，这是任何其他的东西，是有言有为所达不到的效果，谁也赶不上。这个

很好玩儿，老子当然说的是事物的道理，但是他让我联想到现在物理学，认为各种的物质实际上都是有空隙的，并不存在完全无间的，任何物质你要是往深里看，都有它的空隙，所以老子认为「无有」还可以「入无间」，虽然这是他在古代说的，但是他又和现代物理学的发现吻合。

这样的一些说法，它又符合我们中国自古以来传统文化里面讲的以逸待劳、以弱胜强、以柔克刚、先礼后兵。我们有很多这一类的说法，就是说我们保持自己的一种弱势，保持自己的一种和平、退让、谦卑的姿势，反倒使我们能够进入你那个防线，反倒能够进入你那个无坚不摧的、攻无不克的防线。

其实刚才说到物理概念在数学当中也有，因为「无」就是「有」的一种形式，现在H1N1流感要求「零报告」，什么是零报告？零就是「无」，但是你要报告，报告就是「有」。你是「无」，但是你要有「无」的报告。所以老子的这些道理是非常深刻的。

风度与软实力

他的「无有入无间」还让我想到风度就是「无有」，你能够说风度几斤几两？这不是物质的东西，也不是能够量化的东西，但是风度的魅力就能够有利于一件事情的办成。相反，你的风度恶劣，你的风度不成样子会反过来变成办成一件事情的阻力，这样的事情也特别的多。学习《老子》时，我从风度上又想到了文化，我们常常说软实力，软实力指的是什么呢？就是指这种看不见的，不是飞机、不是大炮、不是集团军、不是坦克、不是航空母舰，也不是巡航导弹，它是什么呢？恰恰是你思想的深邃、你风度的美好，你的亲和力，你文化的力量、影响力，你的说服力，你的感染力。这些东西它能够使「无间」的地方，本来在那儿提防着就好像是马其诺防线一样，它能够攻破马其诺防线。这其实也是一个例子，马其诺防线本来是固若金汤，谁也打不过，但最后希特勒根本不从那个方向进攻，就等于在战略上把防线变成了一条废的防线，而从另外的方向展开攻势，所以这也是一种战略选择的力量、军事的力量，它不是完全表现在那些坚硬的、坚固的、可以量化的、可以在地图上标出来的东西上。同样，这里我们所说的文化、我们所说的智慧或者是智谋、我们所说的风度、我们所说的战略思考等等这些东西，对这个世界仍然是非常有意义的。

第十五讲　逆向切入的处世方法

为什么老子喜欢反着说话

我们看《老子》的时候，会发现他特别喜欢用相反的概念来说明要达到的目的：大成若缺、大直若曲、大盈若冲、大巧若拙、大辩若讷。他还说过「曲则全」，弯曲了就能够成全。「枉则直」，弄得弯了，它反倒是一条直路。「洼则盈」，比较低洼的地方反倒容易满。「敝则新」，旧的东西实际上最新。「少则得」，你占有的越少得到的就会越多。「多则惑」，多了反倒麻烦了等等。通篇里好多这一类的说法。这些说法的目的很少是专门讲做人处世，也没有这个词，这是我说的，他更多的是说治国，他说到过用兵、说到过善为、说到过取天下，他有过这些词。但是他既然讲到了这些普遍性的规律，对于我们今天做人处世能不能有一些启发、有一些帮助？

大成就必然带着遗憾

先说「大成若缺」，就是大的完美总是有缺陷的。我特别有这个体会，确实如此，历史上越是大人物，不管是秦始皇也好，恺撒大帝也好，拿破仑也好，一直到一些革命家、革命的领袖、大国的领导人也好，往往正因为干的事情太大了，他在完成一个东西的时候会有可能伤害另一部分人，他在某些方面会忽略了另一些方面，他在取得巨大成功的同时会付出代价，乃至犯下严重的错误。因此对他们的批评就会非常多。

一个事业也是这样，例如绣花，苏绣杭绣湘绣，完全可以做到完美无缺。一座别墅也可以建筑得无懈可击。而一个大水利工程、军事工程，肯定会争执不休。就一个国家大剧院，一个「鸟巢」奥运体育场，也是一定会若缺、有缺、多缺，现在与今后都肯定会争议不休。

在文学当中也是这样，越是大家越是争议多，比如说爱尔兰的詹姆斯·乔伊斯写的《尤利西斯》，他写的这本书被认为有伤风化，两次被传到法庭去受审，他死后书被越捧越高，但是即使到今天为止，仍然有人说《尤利西斯》是一部乱七八糟的作品，说他实际是一个骗子。我到过都柏林，都柏林有一个纪念馆，那里卖文化衫，他说——这是詹姆斯·乔伊斯的原话——他说对待这个世界我有三个办法，第一个办法是沉默 silence，第二个办法是逃避 exile，第三个是要点花招诡计，cunning。看明白了后我一愣，我以为他学过《老子》呢，因为沉默符合老子的不争不言的教导，「大音希声」，把他的声音控制住，没有什么声音。逃避是自我放逐，正符合老子说的「不敢进寸」但是「敢退尺」，我勇于「不敢」。什么叫勇敢呢？就是我勇于去「不敢」，我不跟你较劲。

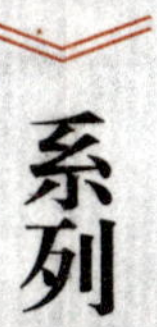

也可以从反面来想，比如像日本的俳句是五、五、七，它总共十七个字，就这十七个字，怎么要求它都可以符合要求，做到这样的能算是小成，小成则可做得完美无缺，不是若缺，而是无缺。相反的《红楼梦》就做不到如此之精致完美，不是若缺，而是干脆缺了后四十回。

为什么大直若屈大盈若冲

「大直若屈」或者「大直若曲」，这个「直」，我想在古代的文字里和道德的「德」字是相通的，所以也可以把它解释成是一条很直的路，也可以把它解释成坚持原则、坚持道德的原则。但是要真正坚持道德的原则，你就必须照顾到各个方面，不是只照顾到一面，你必然不可能让每一方面都特别的满意，所以你又照顾这边，又要照顾那边，又要使它平衡，这样的话可不是看着反倒觉得你弯弯曲曲的。你怎么不能说一个很简单、很痛快的话：好，就好死了，坏，就给宰了！他不会这么说话，所以他说「大直若曲」，不可能都是正面，不可能都是强攻。

「大盈若冲」这个说法比较好玩儿，「冲」就是空虚，就是你越有东西，学问也好、财富也好、成就也好，你越有东西，你就越谦虚，就越显得空虚，好像你并不知道多少东西一样。这个话不是绝对的，但是这样的例子非常多，我们随便举几个例子，比如说西方发达国家，从头到脚都穿名牌，开的车也是最新名牌的，那都不是真正的有钱人，那是 salesman 推销员。推销员必须从头到脚穿最好的，而真正的大企业家，很可能就是穿纯棉的，穿很普通的服装。香港也这样，我认识一个香港企业家，他说他的一生每天中午就是一边办着公、开着会、办着事，一边吃着一个三明治，从来没有改变过。最近还报道香港那个女百万富翁龚如心的官司，龚如心她经常是坐公交车，自己连小车都不坐。

我想她并不是吝啬，也不是故意地作秀，因为对于她来说财富已经成为她事业的一个象征，她个人的消费已经根本提不到议事日程上，她脑子根本就没有往这方面使过劲儿，没有往这一方面琢磨过，相反的她所追求的财富是她一生的一个事业、一个社会活动。

巧要靠拙功夫积累

『大巧若拙』，这个话有一点不太好找例子，因为好多情况下『大巧若巧』，比如说变魔术的台湾明星刘谦，他怎么会『若拙』啊，他就是大巧若巧。比如说一个功夫演员做的那些高难度动作，他也就是大巧若巧。但是要分析一下，也可以从另一个意义上来说，就是达到『巧』的这个过程，有时候是非常拙的，比如说现代化的交通工具飞机，这可以说是非常巧了，带上几百人能够飞那么高、飞那么快，而且尽量给你提供舒适，还要保证安全，有时候我觉得都不可思议，一架飞机从这儿起飞，十几个小时以后到了地球的那一面了，到了纽约了，你都不能相信是不是真的纽约。我头两次去美国的时候都有一种被骗了的感觉，我说怎么把我封到一个小屋里头，封了十几个小时下来一看：纽约，这不是骗人嘛！我不敢相信这个事。你说它非常的『巧』，可是恰恰是由于有这样一种很先进的工具，带来了多少麻烦，带来了多少手续、带来了多少啰嗦，不论是制造飞机、驾驶飞机、乘坐飞机，都要有一套相当费劲的过程。当然也带来了一定的风险。

最近因为讲《老子》到咱们BTV来录像，我有了这个体会，电视技术这也是『大巧』，这都是古人所不能想象的，千里眼、顺风耳。我小时候看电影就觉得够神的了，弄出来一个画面会说话会走动，电视当然更不用说了——电视是建筑在不知道多少人的、有些甚至于是别人看来很啰嗦的工作上面的。为了录一段有价值的节目，需要做多少看来拙

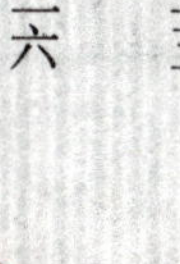

笨至极的准备与后续工作。走路是最简单的事，人的衣食住行，『行』最简单，只要你两条腿完整；可是走路又是最慢的，从简便上说，走路最轻巧，从速度效率上说，现代化交通工具才是可取的。所以这个『巧』和『拙』之间是有一些微妙的关系。

老子喜欢把什么事都往反方面说，他说『大巧若拙』，然后说『大辩若讷』，也有这个问题——会辩论的人都是结结巴巴的，凡是结巴磕子都会辩论、都善于言词？这个也说不通，相反的有许许多多外交家、政治家在讨论政治问题时，讲话巧妙同时又很有说服力，有这样的例子。但是有一种情况是：善于言词的人并不急于、起码是不事事表现自己。这种言论上的能力、说服别人的能力，他不急于表现，对自己不舒服的东西就愿意听别人说，一个聪明的人他不但能够做到表达，而且能做到倾听。倾听的时候不是说很冲动地马上就要发表演说，我想他不是这样的。所以要是从这些方面理解呢，他倒是也有一些道理，他承认自己有所不知，他承认即使是擅长的东西，有有把握的时候，有没有把握的时候。没有把握的时候，他就要回答说：这个事情也可能这样，但是也可能有一种不确定性。别人听着就觉得他这人没有什么本事啊，他不能够预言这个事怎么发展——我想有可能有这方面的一些理解、一些想法。同时那些一言九鼎的人，他们对自己的话是负有重大责任的，他们要求自己的话说得准确准确再准确，他们说起话来，当然不如『名嘴』们巧。

曲则全，枉则直

再比如说『屈』或者『曲』，就是弯曲的『曲』——『曲则全』，你能够懂得弯曲，你就能够顾全大局，这样的

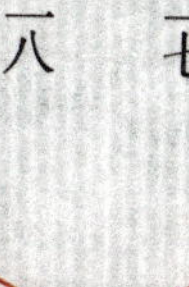

例子也太多了。我们所说的『全』就是能够顾全大局，为了顾全大局你个人受一点委屈，你少说一点话，你做一些让步，这样的故事太多太多了。这些故事就发生在每天，就发生在我们的身边，我用不着举例子。

『枉则直』，好像是屈枉了，但正是因为你能够理解、能够接受这种有些时候会过度、会过分，有些时候会有曲折的过程，反倒这条路是最直的。这个很简单，开车也一样，你要求往哪里去都走直路，这是不可能的，从BTV——通惠河北路上天安门，您要求直线走，这当然不可能，该拐弯的地方都要拐弯，这个也容易理解。

『洼则盈』，这是老子始终的主张，你把自己放在一个相对低下的位置，就好像一个大坑似的，这样的话各种东西能往你这儿流，如果你是一个鼓包，那你这儿一切的东西就只能往人家别处那里流。

『敝则新』，这个稍微费一点解，为什么越是老的东西、越是旧的东西，它有可能反倒是新的呢？他说的也是很有趣的东西，电脑的例子也是这样。

我想这个也不是绝对的，你不能说越老的东西，比如电脑软件，现在叫XP，说这个XP不行了，说我必须还得用286、用386那样的电脑才行，我想他不是这个意思，这只能在一定的条件下：第一，时尚未必是靠得住的；第二，有一些原理，比如说像『道』、像老子所主张的许多东西——要谦虚、必要的时候要退让，这些道理永远是新的，虽然它是很老的道理。老子离现在已经两千多年了，他不是新出现的一个思想家，也不是『八〇后』『九〇后』，他是公元前、还不知道前多少年的人，但是他有他的智慧，他仍然时刻给人新的启发、新的滋养。但是『敝则新』就不能够绝对地说了。『少则得』，这话说得挺好，遇到什么事，你不能把那个最多的揽在你自己的怀里，少一点说不定你还能够有获取更多成就的空间，如果你一上来把金牌银牌铜牌全归你了，世界纪录、奥运纪录、亚洲纪录、中国纪录全归你了，你底下怎么办呢？他说『少则得，多则惑』，太多了你反倒迷惑了，挑花眼了，这些都比较容易理解。

悖论的分析

现在我们来探讨一下老子的这些说法。我们可以很简单地说这是老子的辩证法，这对不对呢？这当然是对的，老子在中国古代是非常讲辩证法的，但是他这个辩证法是怎么来的，他是怎么回事？也许探讨一下这个对我们不无启发，还是挺有趣的一个问题。我觉得老子特别喜欢做这种悖论，就是本来说了A，他偏偏说A不是A，A是B。他本来说了B，他说B不是B，B其实是A。他最喜欢做这种互相对立的悖论，从老子的整个书里，我们都会想到这个悖论在世界上是无处不在的。

为什么我们的生活里，在老子的论述中，到处是大A若非A，或者非A则A这样的互相矛盾的命题——悖论呢？

我把它简单分了一下：

一种我说它是结构性悖论，就是世界上任何一种事物，任何一种特性、一种表述，都是既包含着正面的因素，也包含着反面的因素。我们盖大楼，大楼越高，它往下压的就越大，它的风险也越大，对地基要求的也越深，所以一边是越来越高，一边是越来越深，这已经是一个悖论，这是结构上的悖论。我们用电，电里有天线有地线有火线，如果是静电的话还有阴电阳电，有正极和负极，这也是结构性的悖论。我们病了吃药，药能治病，然而，同时『是药三分毒』，药理中有副作用的部分。迅捷的交通工具，带来了速度、效率，但是也带来了危险，越是迅捷，出点儿事故就更加不得了。

还有一种我称之为发展性的悖论，就是每一件东西，它都有可能向着它的反面发展，毛泽东最喜欢讲这个，他说：世界上一切事物无不在一定的条件下转向自己的反面。这样的故事也太多了，比如说一个很强的国家，在历史上耀武扬威几十年上百年，最后衰弱了，变成不怎么样甚至于灭亡了，这样的故事是有的。人也是这样，从出生成长有所成就到衰老，最后当然还会死亡，所以这是一种发展性的悖论。一个体育冠军，总会有从非冠军到冠军的发展过程，当上了冠军，无例外又有一个丢失冠军地位的过程。老子讲的『物壮则老』，说明了壮与老也构成了发展性悖论。

还有一些我们值得研究的，我称之为价值性的悖论，就是你从这个观点上看，是有价值的，是非常正面的价值，但从另一个观点上来看，你可能觉得它这个价值又是可疑的。比如说周朝初年，武王伐纣成功以后，当时商朝有两个臣子伯夷、叔齐，这两人耻食周粟，就是不能领周朝的俸禄：我是商朝的臣子，好女不嫁二夫，良臣不事二主，我伺候的我服务的是商朝，甚至于是商纣王。所以他们就上了首阳山，最后饿死在山上了。他们『采薇』而食，有人告诉我说，经过考证『薇』就是云南菜里经常有的蕨菜，说伯夷、叔齐就是吃的这个。对伯夷、叔齐，从价值上就有一个悖论，他们能够这么忠于自己的原则，活活饿死了都绝对不改变自己的原则，这让人肃然起敬，说他们有气节。可是另外一方面，从新兴的周朝来说，商纣王无道，他是一个暴君，他的罪行罄竹难书，他有炮烙之刑，他还挖了他叔叔比干的心，这样的人你还对他忠实干吗？再有，我们中国传统的道德里，一个是讲忠一个是讲孝，还要讲义——忠孝节义。忠孝节义在一定的条件下会相互打架，比如说朋友之间、同事之间，应该有义，但是有时候你要是对皇帝忠，对你的老板忠的话，那么你的同事你的朋友做的不利于老板的事情，或者是不利于皇帝的事情，你应该报告给皇帝、

报告给你的老板，你要报告了，你不义，你不报告，你不忠。还有孝、孝顺，过去就连唱戏的都说『忠孝不能两全』，你忠实地为皇上当差去了，你就无法承欢尽孝于双亲面前。这就是某些时候的价值上的悖论。这种价值上的悖论，让你感觉到『这样好还是那样好』这种选择上的大问题。

一生真伪有谁知

再一种我称之为社会的悖论，就是对于做人处事上面的一种选择，你自己对自己的要求是不是被社会所承认呢？你觉得你非常的忠，但是有关的人士承认不承认你忠呢？这就很难说。这样的例子非常多，比如说不管是孔子还是先秦诸子，都特别佩服周公，孔子甚至于做梦都梦见周公了，可见他对周公的崇拜，但是周公有这么一个经历：他是周文王的小儿子，他哥哥是周武王，他对辅佐他的哥哥来取得天下、来治理周朝这个国家不遗余力，他的哥哥曾经得过病，在得病的时候——当然这是有一些迷信——他写了正式的文书向老天乞求说，把我的寿命减掉给我的哥哥，让他多活几年。古人认为寿命是有定数，写在生死簿上，他说我把我的阳寿一半给我哥哥算了，我明天死我也认了，他写了这个而且封到一个金属的容器里边，以示郑重。后来他哥哥死了，他把他哥哥的小儿子，幼子，大概非常小，应该继承王位的——抱在腿上来执政，做事一丝不苟，得罪了不少权贵。结果出现了许多的流言，特别是有两个坏小子，一个管叔、一个蔡叔就造出谣言说周公一直抱着这个小孩执政，说他最后要把他侄子废了，他要当国王。他自己也很胆小很害怕，听到这些流言就辞职了。辞职以后朝廷对他的舆论很不利，说哪有把侄子抱到腿上在这儿指挥一切，说你肯定有野心。结果赶上雷雨把那个金属的匣子给打破了，然后看到当年周武王生病的时候，他怎么样向上天乞求把自己

的阳寿都给自己的哥哥，大家才知道他是真正的忠臣。

后来白居易有一首诗说『赠君一法决狐疑』，我有一种方法可以帮助你来判断不能判断的东西，后边接着说『试玉要烧三日满，辨材须待七年期』，玉是真正的玉还是石头，放在火里烧，当然这个方法现在好像不太使用，你得连烧三天三夜，如果它没坏，说明它是真正的玉。要是考察一个人才需要七年，这个说得也玄点，你要是想任用一个人先考察七年，也什么事都耽误了。他底下又说『周公恐惧流言日』，就连周公他也有害怕的时候，他大忠若奸，反倒像奸臣一样。『王莽谦恭未篡时』，跟周公相反的例子就是西汉末年的王莽，当年他非常谦恭下士，但是最后他篡夺汉朝的王位自立为新朝，又被刘秀给灭了。『倘使当时身便死，一生真伪有谁知』，你要死得早些呢，你是真是假也就无人知道了。我说它是社会性的悖论就在这儿，有时候一个特别好的人，社会上不认可，就像周公似的，周公他是一个非常好的人，但是朝廷里不认可，朝廷里反倒认可管叔、蔡叔所散布的那些谣言、那些流言飞语。王莽本来是一个大坏人，但是由于他谦恭下士，所以就说这个人好得不得了。还有伪君子、还有被屈枉的人，这种事情就更复杂了。

还有比说周公、说王莽更接近一点的例子，就是明末的袁崇焕，有许多学者研究这个问题，在姚雪垠先生的《李自成》里，他描绘了这个事件，在金庸的小说里，他也运用了这个素材。袁崇焕当时替明朝抗清，他屡有战功，但是最后据说被陷害，宣布说他是内奸，这个情况现在听起来是非常刺激的，说本来已经确定了他要『夷三族』，倒不是『九族』，就是他的亲戚朋友什么的全都要杀，最后又决定『凌迟』，就是千刀万剐，拿小刀一点一点地割——这当然是在中国的那个时候，现在判处死刑绝对不允许用这种方法，非常不人道的。但是当宣传他是汉奸以后，老百姓恨得不得了，

说是他把满清军队引到北京来的，上去一大堆人咬他。

你的判断——像刚才我们说的成和缺、直和曲、盈和冲、巧和拙、辩和讷，这判断的过程不是直线进行的，不是说就像选择题似的ABCD，哪一个对，电脑就能判卷子：你选的对就是对，错了就是错，不是！而常常会有是非莫辨、真假莫名的情况，也就是说一个人的实际情况，或者一个人的成就和周围的环境对他的印象、对他的评价，可能一致也可能不一致。

不能急于求成、一条筋

所以我觉得老子的这些理论里包含着这么一部分内容，就是一个人不要急于求成，你不能单线思维、就一条筋，一个人尤其不要表现得自我膨胀、太过分，他老是提醒你『大成若缺』，如果你做了很多的事情，肯定还会有很多缺点；你有很好的辩才，你肯定也有话说得不利索、打磕巴、甚至自相矛盾的时候。你是一个极其聪明的人，但是你也肯定有办傻事的时候，我们老百姓也都懂这个，所谓『智者千虑必有一失』，你什么都想得周周到到，但是肯定某些事你会想不到，『愚者千虑必有一得』，一个愚傻的人，他比你傻，但是他在一千条意见里边九百九十九条都错了，也有一条硬是比你好。

这个说法也非常的有趣，我愿意从这一点顺便说一下，我谈老子，当然毫无疑问我要努力地去理解去领会去消化老子的这些主张，但是我聊老子呢，又是如我一开始所说的，是用我自己生活经验、用我自己的对问题的思考，对老子做一个补充、做一个讨论。最近冯其庸先生还给我打过一个电话，他说他因为眼睛不好，我的书看了一点，没怎么看，

但是咱们这节目他每到礼拜天都会非常认真地听，他就觉得许多许多人解释老子都是『以老解老』，但是你王蒙解释老子是『以王解老』，你用你的生活经验解，就比较有某些新的发现。

我就从这个『大成若缺』『大直若曲』，还有『曲则全，枉则直，洼则盈，敝则新，少则得，多则惑』——从这里我又很喜欢研究一个问题，就是为什么一个人即使做出了许多好事，但是有时候周围环境对他的评价往往会有些距离，这种原因在哪儿，特别是如果他的主张就像老子这样，其实很难被大众所接受，这又是怎么回事儿？所谓的社会性悖论，其关键在什么地方呢？

论臭皮匠与诸葛亮关系的多种可能性

我想到一个很有趣的话题，老百姓常说『三个臭皮匠，凑成一个诸葛亮』，这话的用意极好，就是说我们要集思广益，群言堂，不要搞一言堂，不要成霸王别姬——你一个人说了算，最后你孤家寡人，剩下只能『别姬』，没有别的办法了。这用意非常好，但是我们分析一下，是不是三个臭皮匠准能凑成一个诸葛亮？我觉得这里头起码有这么六七种、七八种情况。

第一种情况，就是三个臭皮匠确实比诸葛亮聪明，这个完全可能，因为臭皮匠生活经验多啊，上次我们讲『知白守黑』的时候讲过『卑贱者最聪明』，最起码在怎么做鞋做皮包上，他们肯定比诸葛亮强。诸葛亮在三分天下、打仗上，可能比那皮匠有经验，但给你一张刚宰完牛的生皮子，让你鞣皮子、让你做一双靴子，你做得了吗？你肯定做不了，所以这是一种情况。

第二种情况就是臭皮匠和诸葛亮各有各的长短，寸有所长、尺有所短，诸葛亮不见得什么都成。臭皮匠也不见得什么都差。皮匠中隐藏着大量人才，当然可能，英雄造时势，时势造英雄，时势来了，某皮匠成了诸葛亮，时势去了，诸葛亮能踏踏实实地一边去当皮匠做箱包鞋靴，也就不错了。

第三种情况是，三个臭皮匠凑到一块还是一个臭皮匠，他们没有那些知识，数量相加是没有用的，别说三个臭皮匠，三百个臭皮匠更凑不成诸葛亮，三百个臭皮匠打起来了，对事情的看法各不一样。

我还要说句不好听的话，有第四种可能：三个臭皮匠灭了一个诸葛亮，这也很难讲。三个臭皮匠一举手，说这个诸葛亮，他那主意都不行，他根本连做鞋都不会，他能干什么啊，我们把他解雇了算了，那他就被解雇了。这也是一种情况。

还有第五种情况：一个伪诸葛亮欺骗了三个臭皮匠。伪诸葛亮他本身是个坏人，他骗人，他是会道门，他是邪教，很容易就骗了三个臭皮匠，最后三个臭皮匠说，哎哟，我们找着诸葛亮了，结果那假诸葛亮是骗人的，所以一个坏的诸葛亮，在最坏的情况下骗了三百个或更多的臭皮匠，毁灭了三个真正的能凑成诸葛亮的聪明的好皮匠，这可能吧，是不是？我是一个伪诸葛亮坏诸葛亮，我是一个邪教头子，我凑了三百个人，我把那个真正能凑成诸葛亮的三个好皮匠给排除掉了。

第六种情况：许多个自称诸葛亮，各拉了一批臭皮匠，或许多拨儿臭皮匠，各拉各树一个诸葛亮，搞得天下大乱、群雄并起、争权夺利、莫辨真伪……

所以在我们谈到什么『大成若缺，大直若曲，大盈若冲，大巧若拙，大辩若讷』，说到什么『曲则全，枉则直』这些的时候，我们还要想到我们的判断，像我们这种臭皮匠的判断到底是不是绝对的可靠，到底是不是一定能够道出巧与拙、辩与讷，或者是盈与冲或者成与缺的这个界限？不一定！

所以我们从老子的相反相成学到聪明——他就好像故意跟你作对似的。实际上我们要知道人的认识过程本身就是有矛盾的，就是有悖论的，老子所说的巧、拙，都是人的一个认识，这个认识想一下子就让它符合客观规律，让它一下子就能够分辨清晰，并不是那么容易的。所以这就又总结到什么上来了呢？这个悖论——这个逻辑本身就是有悖论的，世界上的事儿就是有一种认识论上的悖论。为什么必须讲辩证呢？或者用我们中国的传统说法，不叫辩证，而叫机变，随机应变，与时俱化。

因为任何的全称肯定和全称否定本身都含着否定自己的因素。在数学里有一些非常有趣的悖论，有一种叫『谎言悖论』，说一个说谎者宣称：我所说的话全部都是谎话。这种情况下怎么办？你认为他是正在说谎还是在说实话？至少这句话他说的是实话，如果他说的是实话，说明他不是说谎。这叫『说谎人悖论』，就是把自己全否定了，那这个否定本身能不能否定？如果也否定了，那等于我说的全是实话，你如果说不否定，那等于我是就连这个说自己说谎的话也变成了谎话，负负得正，这么一个道理。所以这个逻辑上就是有悖论的。还有一个很有名的悖论叫『理发师悖论』——昨天我刚刚也剪了一下头发——什么叫理发师悖论？说一个理发师他宣布他只给『不给自己理发的人理发』，就是说我给谁理发呢？我只给不给自己理发的人理发，比如说你自己不会给自己剃头剪头发，那我给你剃。这里就产生一个问题，你这个理发师给不给自个儿理发？你要给自己理发，你就违背了你『不给』给自己理发的人理发的这样一个原则，你要不理发呢，你又违背了『给』不给自己理发的人——说绕口令呢——理发的这个原则。这是非常有名的悖论、数学悖论，这是罗素提出来的找别扭的数学。

所以事情本身已经包含着一种自相矛盾的因素，巧和拙、直和曲、辩和不善言辞，这中间已经包含了许多的矛盾了，再加上社会上的复杂性，社会人际关系的复杂性、利益关系的复杂性，所以就让人有时候摸不清了。这些故事更说明既有逻辑上的悖论，又有价值上的悖论，又有结构上的悖论，又有发展当中的悖论，又有认识论上的悖论。在这种情况之下，老子提出一大堆相反相成的例子，在某种意义上是他在教人聪明：你不要把任何一件事做死做绝，你要留有余地，你要可以经得起——可以来回地折腾，可以来回地分析。基本上是让人能够走得比较正常、走得比较好。老子有这样的意思在里头。

为什么A常常不像A

老子底下又说了一些话，也是这么相反相成的，他说『故建言有之』——这是在第四十一章，他说现在已经有这样的一个说法了：建言，就是已经有这样的言论，已经有这么一个说法了。『明道若昧』，非常光明正大的道理，但是听起来还有点昏暗。『昧』就是不明朗，就像我刚才讲的三个臭皮匠，为什么有时候能灭一个诸葛亮呢？三个臭皮匠他要求你对事物做最简单化的判断：好人、坏人，拥护还是反对，往前走还是往后走，是杀了他还是放了他？要求这种最简单的判断，但是世界上有许多事不是能够做出最简单的判断的，你对他稍微具体分析一下，说这个事儿是对、

是不对，是应该怎么做，是不应该怎么做的时候，他马上觉得你不明朗，他觉得你昏暗、觉得你糊涂，或者觉得你装糊涂，或者觉得你用这个糊涂的方法来骗我，你心里面本来非常明白，但是你为了骗我故意把它说得不那么明朗、不那么明确。所以老子说『明道若昧，进道若退』，本来我目的是往前进的，但是我『进道若退』，有时候我为了避免由于冒进把这个事儿反倒办砸了，把这个事儿反倒弄坏了，在这种情况之下我稍微往后退缩一点，或者说要有一个反作用力，我的目的是为了向前冲，我先往后使劲，我先得脚踩着起跑器往后用力蹬，这就是『进道若退』。

『夷道若颣』，『夷』就是平的，本来是很平直的道路，平坦大道，当年有个歌叫《我们走在大路上》，我们走在一条平坦的大路上，『颣』就是小路，弯弯曲曲的小路，它没做任何的解释，一条大路怎么会变成了弯弯曲曲的小路了呢？就因为世界上的许多事情曲折，甚至于走一个环形的道路实际上是必要的，所以说『夷道若颣』，本来是一条最平坦最平直的道路，但是由于你的不理解，你觉得我好像在里头使了什么花招，朱熹说：老子心最毒，老子把事情的真相告诉你了，朱熹说他的心太毒了，说他怎么这么辩证啊，辩证起来害起人来，这还了得！

『夷道若颣，上德若谷』，最高的德行显得非常低下，因为他不拔份儿、他不吹嘘、他不给自己经营头脑上的光环，他也不耀武扬威，所以他『上德若谷』，他好像是比较卑下的、比较谦卑的一个山谷一样。『大白若辱』，你最纯洁、你最干净、你这一辈子没干过肮脏的事情、你没有干过丢人的事情。可是你要是真做到这一步，反倒有人怀疑，说怎么别人都有毛病，他怎么没这毛病呢，别人都蝇营狗苟，他怎么不蝇营狗苟啊，别人有便宜肯定就占，他怎么有便宜不占他躲开走啊，他要花招啊！说这小子更坏、更阴，他会引起这种看法。

大仁若伪，大智若妖

当然这是另外一个复杂的问题，鲁迅就说过《三国演义》里写的刘备特别希望表现仁义，比如说他撤退的时候，为了维护老百姓，走得非常慢，结果自己遭受了很重大的损失。可是他过于仁义了就『似伪』，大仁若伪，就是别人看着他觉得假，所以到现在民间还流行认为刘备这个人假，刘备摔孩子邀买人心，赵云为了夺这个阿斗，几乎牺牲了自己的性命才把阿斗救回来——不过这里的描写是有点过分了，过犹不及——刘备反倒把这个孩子往地上一扔，说为了这个小兔崽子，把我这个大将都差点没给搭上。这里他就显得伪。鲁迅说书里面还要表现诸葛亮的多智，但是这个智也太过，『近妖』，觉得像妖精了，他不像一个活人了是不是？又能够呼风唤雨，又是穿上八卦衣，披上头发，拿着七星剑冲天一指，然后东风就刮起来了，那是法术，也成了邪教了。

在这里老子讲的就是：你如果达到了超常的纯洁——『大白若辱』，你反倒好像有污点，这里也许我不需要很多的例子，咱们琢磨去吧，慢慢体会。他说『广德若不足』，你的德行太广了，你人人都帮助，你见一个帮助一个，好人你也帮助，坏人你也帮助，上级你也帮助，下级你也帮助。这样的话大家觉得他更不够了：一开头他帮助我，我很高兴——我用最粗俗的说法：他帮助我一百块钱我很高兴，后来我一听他昨天帮助了姜华一千块钱，我又不高兴，变成了对他的埋怨了，我比姜华困难多了，你帮助她一千，起码你帮助我一千五，我这就不说你坏话了。所以，『广德』——你要广施恩德，你照顾不过来，你反倒就『不足』。『建德若偷』，『偷』就是你鬼鬼祟祟的，有些不那么光明正大，你本来是很建设性的、很光明正大的、很利他的为别人着想的，但是你这样做得多了以后，别人就老觉得你有阴谋诡计，

说你一天勤快也行，你天天这么勤快——我怎么就那么懒呢？你天天这么勤快，你一定是有什么所图，你一定有自己的小算盘、小九九。

『质真若渝』，你是货真价实的，你是实话实说的，但是别人做不到，你太超前了，你太突出了，你鹤立鸡群，那大家谁还信服你啊，谁还听你的？所以老子他简直什么都讲到了，他讲如果什么事你做得太好了，做得太使劲了，反倒变得不好了。当然，该怎么办？他也没说，这本身就又是一个悖论，这是一个什么悖论呢？这是一个利益的悖论，本来是你事情做得最好是最符合你的利益的，但是你做得最好了以后，反倒不能取信于人，至少是不能取信于臭皮匠，这种情况之下，反倒损害了你的利益。我们能得出一个什么结论呢：既然这样了，那你是什么水平，我也就是什么水平就得了，我别要求自己高了！我想老子也不是这个意思。世态人情有这一面，他讲得让你觉得老子不愧是老子，他挺老到，挺老谋深算，他看到了事情的这一面。

大方无隅还是外圆内方

所以底下就说『大方无隅』，特别方正它没有角。这个『大方无隅』我说数学上好解释，因为你是一个无穷大的正方形，和圆形一样，圆形正方形五边形六边形没有区别，直线和圆弧也没有区别，因为你已经到了无穷大了。当然老子不太可能在那时候从数学上、从微积分、从极限的原理上来考虑『大方无隅』，但是我们可以明白地判定，一个胸怀广大、包容性极强的人，显得圆滑而不够方正。可以想一想，我们中国人在方和圆这个问题上，还有许多好的说法，比如说为人方正，这是一个好话，也有一个说法叫『外圆内方』，就是内心里非常方正、非常有原则，

但是我处事、接触一般的人，尽量用一种相对不和人发生刺激的、发生对立的、比较随和的态度来处事，但是心里是有底线的，有些事是打死我也不能做的，违法乱纪我是不能做的，贪污公款我是不能做的，欺压百姓我是不能做的，但是一般的情况之下，我不显得走到哪儿都那么『事儿』，或者走到哪儿都显得那么强硬，或者走到哪儿都显得那么『各』，我不这样。我『大方无隅』，『隅』就是角。

晚成还是免成

『大器晚成』，要成为一个大的材料，成为一个有大用的人，你别着急，你慢慢来，马王堆版《老子》上把『大器晚成』干脆写成是『大器免成』，就是你追求那个最大的材料是永远不会成功的，你只有一个过程。这个解释也很好，晚成、免成都可以。

『大音希声』，我现在一下子还不能很好地理解，但是我们可以说『大音希声』和后来庄子发展的对天籁的想法是一样的。天籁，你可以听不见，但是在整个世界的运行当中，就像交响乐一样，它永远在那里运行着。『大象无形』，这有点抽象，它不是具象的东西，但是它表达了人的思想、表达了人的感情。『无形』，你也还可以理解成你所追求的那个大道，那个大的成果，这不是在表面上就给你、可以像一个工艺品一样摆在桌子上，说这就是我的成绩！我没有这种成绩，但是我的成绩是更大的。

『道隐无名』，这个话是非常好的，真正的大道，它是隐藏在、是埋没在各种事物发展的后边，你一下子看不出来。这对我们是一个启发，我们要做一个符合大道的人，我们就不能追求自己的名声，不能追求自己的利益，要做符合大

道的事情。『夫唯道，善贷且成』，只有『道』能够真正帮助别人，而且能成就许多的事业。

第十六讲　大国之道

大国怎样才能长治久安

《道德经》主要是针对当时统治者的，所以这里边暗含了很多治国的理论。老子他有自己的一套想法，他和当时春秋战国的各个诸侯国家那种富国强兵、会盟争霸，还有各种的治国之道、用兵之道有相当大的区别。他老想着用他的所谓『大道』能够把国家治好，能够把天下弄好。这里我要说明一下，那时候中国人还没有世界这个观念，也没有世界地图，当时认为四海之内皆兄弟，认为中国是唯一的、最大的、最文明的国家，周围有一些海洋，还有一些所谓番邦，就是一些少数民族或者是相对生产力发展的弱一点的文明，没有完全成熟的一些地区。再往远不是山就是沙漠了。所以当时说的『天下』，实际上主要是指咱们的神州大地。另外他当时所说的『大国』，跟现在咱们说的大国、超级大国完全不是一个概念。他实际上说的大国，无非就指的是像秦国、像齐国、像楚国这几个大国。

可是我们在研究老子这些道理的时候，又往往会自觉不自觉地把他这个『大国』，跟现在的『大国』联系起来，把他的『天下』和现在的世界联系起来。这个你是禁止不住的，我们读古书的目的，并不仅仅是为了回到古代，而是从古代汲取一些智慧，为什么叫『老子的帮助』呢，来帮助今天、来帮助今天的世界、来帮助今天的中国、来帮助今天的个人。

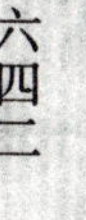

我们来看看老子讲了一些什么样的关于大国、关于长治久安的道理。在六十一章老子说『大国者下流』，就是越是大的侯国，越应该把自己的地位放得下一些。『下流』现在是一个难听的词，是一个骂人的词，当时说的下流是把自己放在下边来运行，给自己摆正自己的位置，不要高高在上，不要耀武扬威，不要欺压别人。『天下之交，天下之牝』，他这个想法可是挺好，他说为什么是一个大国呢，就是普天下各个侯国都在你这儿交汇，这还有一点开放性，是海纳百川的概念，海为什么能纳百川呢？因为它靠下。他说『天下之牝』，『牝』本来是指女性的生殖器，他说这就是『大道』，他讲过大道的品格就像女性的生殖器一样，因为它孕育着生命，而且它经常处在下边，它经常处在相对比较安静的状态，所以他用牝来讲一个大国应该采取的姿态、应该采取的态度。『牝常以静胜牡』，雌性常常靠自己的安静胜过雄性，女性生殖器由于相对静止一些，反而比男性生殖器更有力。老子把性的问题哲学化了，从性事中研究哲学，其实早在《周易》中，我们的先贤就喜欢从性事中寻找大道哲理。

这也是老子反复说过的话。『以静为下』，怎么样能够显出来你是谦卑的呢？你没让自己死乞白赖地闹腾，因为你相对静一些。这个体会我觉得还非常可爱，就是你太闹腾，别人怎么看都不像谦虚的，你闹腾得太厉害、你动静太大，比较不招人喜欢。相反的，你平常能够稍微控制一下自己的言语、控制一下自己的表情，你多看看多听听，也就是因为『静』，所以显出来『下』。

大国与小国

他说『故大国以下小国，则取小国』，如果大国对小国是抱一种非常谦卑的态度、抱一种我尊敬小国的态度、抱道的事情。"夫唯道，善贷且成"，只有"道"能够真正帮助别人，而且能成就许多的事业。

第六十一章　大国之道

大国更需要长治久安

《道德经》主要是讲给执政者听的，所以这里谈到了很多治国的理念。老子也有自己的一套想法，他所说的与春秋战国的各个诸侯国家那种富国强兵、合纵连横，还有各种的治国之道、用兵之道有很大的区别。他所讲的"大道"，讲的是治国安邦，讲的是天下事理。这里我要说明一下，非但当时中国人没有世界这个概念，也没有世界地图，当时人们以为四海之内都是天下，认为中国是第一的、最大的、最文明的国家，周围有一些蛮夷，还有一些戎狄番邦，就是一些小规模的部落或者是附属性的国家，比我们落后一点的文明，没有完全接受我们的影响，再往远就不知道是哪里了。所以当时说的"天下"，实际上主要是指中国的中原大地。老子这里所说的"大国"，跟现在我们说的大国、超级大国完全不是一个概念。他实际上说的大国，无非就是像秦国、像齐国、像楚国这几个大国。

但是我们在研究老子这些道理的时候，又往往会自觉不自觉地把这个"大国"，跟现在的"大国"联系起来，把他的"天下"和现在的世界联系起来。这个是禁止不住的，我们读古书的目的，并不仅仅是为了回到古代，而是从古代汲取一些智慧，为什么叫"老子的智慧"呢，来帮助今天，来帮助今天的世界，来帮助今天的中国，来帮助今天的个人。

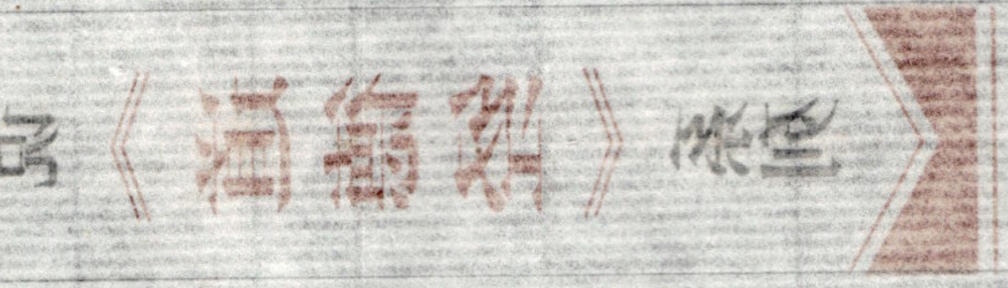

我们来看看老子讲了一些什么样的关于大国、关于长治久安的道理。在六十一章老子说"大国者下流"，就是说是大的强国，越应该谦虚自己的姿态一些。"下流"就是一个谦卑的词，是一个居下的词，当然说的下流是说自己放在下边来说话，给自己摆正自己的位置，不要高高在上，不要耀武扬威，不要欺压别人。"天下之交，天下之牝"，他这个意思可能是说，他说为什么是一个大国呢，就是普天下各个诸侯国都在你这儿交汇，这也有一点开放性，是说你百川的概念，说为什么会选择它呢？因为它静下。他说"天下之牝"，"牝"本来是指女性的生殖器，他说这就是"大道"，他把大道的品格想象成女性的生殖器一样，因为它能孕育生命，而且它经常处于下面，它经常处在下面比较安静的状态。所以他用来讲一个大国应该采取的姿态、应该采取的态度。"牝常以静胜牡"，雌性常常以自己的安静胜过雄性。女性生殖器由于保持静止一些，反而比男性生殖器更有力。老子所讲的问题都是从人事中、从社会中来寻找的。其实早在《周易》中，我们的先祖就喜欢从性事中寻找大道的道理。

这也是老子反复说过的话。"以静为下"，怎么能够显出来你是谦卑的呢？你要让自己沉静下来，因为你能够安静一些，这个社会就能够接受你。就是你不浮躁，别人怎么挑衅你也不发怒，你的涵养就很大度，你能够沉得住气，比较不招人讨厌。相反的，你平常能够稳得住，管住自己的言语、控制住自己的表情，你多有容忍，也就是因为"静"，所以显出来"下"。

大国与小国

他说"故大国以下小国，则取小国"，如果大国对小国是一种非常谦卑的态度，做一种非常尊敬小国的态度，他

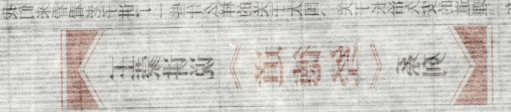

一种克己的态度，抱一种退让起码是谦让的态度，这样的话你就能赢得小国的信任乃至于听从。什么叫『取小国』？我谦卑以后就把你占领了？那可不行。但是至少我能赢得你的信赖，我说什么话你爱听，你知道我的主意对你是有好处的，有信用、威信或者是很好的友谊，至少得到了小国的友谊吧。『以下小国』，你要得到小国的友谊；你要压小国，那你得到的肯定是反抗，即使口服它心也不服。

『小国以下大国，则取大国』，什么意思呢？就是说你这个诸侯国家相当小，但是我对待大国也从来不故意挑衅，我不膨胀自己，我也不在那儿瞎忽悠，这样的话我也能取得大国的信任、取得大国的好感、取得大国的帮助、取得大国的友谊。

他是讲当时的诸侯国家，但是即使我们不说大国小国，我们说一个大公司小公司、我们说一个大团体和一个小的团体，甚至一个大人物一个小人物，也有这么一点道理，虽然不是绝对的。如果你一无可取，你本身什么用处都没有，要学问没学问、要干劲没干劲，你光知道『下』，你光见人就鞠躬、见人就作揖、见人就下跪也不行。这当然不是绝对的，但是他讲的这一部分道理有一点意思，他说『故或下以取』，『下以取』就是『取』的目的在先，『下』在后，达到了目的，也就是我为了『取』而『下』，或『下而取』，就是因为『下』，下在先，自然而然我赢得了你的信任。他这里都强调一个『下』字，『下』是什么意思呢？就是大国不可自大、大人物不可自大、大公司大团体都不可自大，而宁可克己一点，有什么利益多想着别人、多想着弱势，我想这对今天的人也是有教益的。

他说：『大国不过欲兼畜人，小国不过欲入事人。夫两者各得其所欲，大者宜为下。』这个说得也很好，但是这也有一点理想主义。他说大国追求什么呢？你追求的就是——你还要多多照顾到别人，你要兼容并包、兼容并蓄，你能够给更多的地区、更多的百姓以帮助，你要求的不就是这个吗？你要求你的大国得到信任，你的目的不是为了更多的福祉吗？这是一个理想，当然老子就没有提大国也可能有霸权主义，大国也可能剥削小国，大国也可能压迫小国，大国也可能损害小国、歧视小国，老子就没有讲这一方面的问题了。他说你『不过』——这『不过』两字是老子的理想，并不是实际。

他说『小国不过欲入事人』，小国无非是想把大国服务好了，取得大国的信任，一边愿意多给大家谋福利，一边愿意好好地得到你的信任、跟你搞好关系，也得到你一点好处，这么一凑合不正合适吗？这个多少让人感觉有一点忒天真、忒往好的说了。当然没有关系了，这是老子所提倡的，虽然很难以做到，他提倡这个而不是提倡白刀子进红刀子出、不是提倡今天我宰你明天你宰我，我觉得这也还是好的，双赢。老子就说大国和小国应该双赢，应该各自达到自己的目的，这是他的希望。

越大越谦虚

但是这里头有一个前提『大者宜为下』，就是你越大越要对自己要求更严格，你越应该更加谦虚，你更应该照顾小的利益、弱者的利益。我想这话倒有一点经验之谈，因为说老实话，越是弱者弱势他越容易有一种敏感、容易有一种警惕，比如说你是姚明，我跟你合伙打球，那我不放心，我老觉得我非吃大亏不可，胳膊肘一碰，没准我这肋条骨就断三根，你一个盖帽儿，球往下一压没准就把我压扁了。所以弱者往往处在一个比较警惕、比较计较，有时候甚至

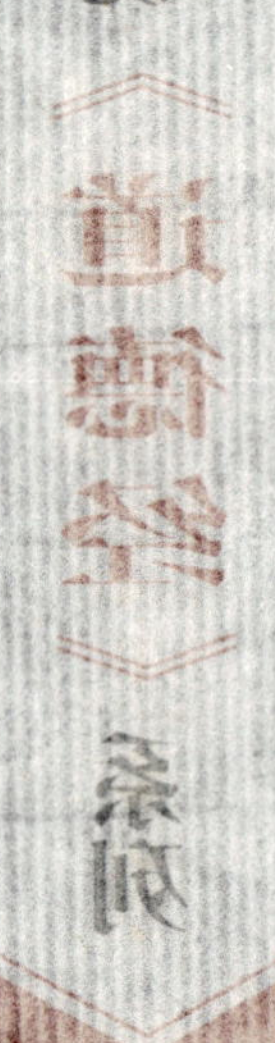

于就是比较不自信的状态，他老觉得他可能受强者的欺负。小的人物、小的侯国、小的地区，他老怕吃大地区、大侯国、大人物的亏。所以为什么老子提出来你越大越要把自己往下摆，应该说这个话有他的经验之谈，也有它深刻的道理。当然老子还没说到比别的侯国大得多，你兵强马壮，你财富滚滚，你硬实力软实力你什么实力都比人家强，你就让着点儿，优势还在你这儿呢，也没什么损失。所以这个『宜为下』在某种意义上是一种自信的表现，越是自信的人他越对一些小得小失、排名前后，他对这些东西不会计较的，因为他非常地自信。

老子在第二十三章里说『希言自然』，像『大音希声』一样，『希言』——少说，是合乎自然的。孔子也说过这个话『天何言哉？四时行焉，百物生焉』，天说什么话呢？天嘛话也没说，春夏秋冬，该过的就这么过来了嘛，该下雨该刮风该出太阳，该出现什么物种物品，人家该办的事都办了。所以老子也讲『希言自然。故飘风不终朝』，就是一阵大风它吹不过一个早晨，我不知道老子是根据什么地点，是不是根据河南，因为当时东周建都在河南这边、洛阳这边，他说即使刮大风也很难连续刮一个早晨。『骤雨不终日』，要下暴雨很难从早晨一直下到晚上，下一整天，它中间总会停几次。这倒是，北京过去夏天七月份有很大的雨，所谓很大雨、所谓连下一周，它也不是老那么下，大一会儿小一会儿，停一会儿又下一会儿，它也是这样。他说『孰为此者』，谁决定了大风刮不满一个早晨、大雨下不满一个白天，这是谁决定的呢？是『天地』，天地的本性就是这样。他说『天地尚不能久，而况于人乎』，连老天死乞白赖地刮大风、下大雨都不可能久，何况是人呢？

高潮化与正常化

这段话我觉得讲得对。治国平天下也挺有意思，如果我来谈我的个人的体会，我觉得就是说做任何事情，那种高

潮、那种拼命、那种在高度兴奋状态下所做的事情不可能长久，你还是要有一个正常的秩序，要有一个正常的节奏，一定还是要有快有慢，你不可能老是处在一个绝对的高潮当中。比如说在战争当中，在革命夺取政权的时候，有时候确实出现这种高潮，我们过去在『文革』当中经常重复的一句话，说『革命时期一天等于二十年』，这种一天等于二十年的现象也许在某个时期会出现，但是你不可能天天等于二十年，你一年三百六十五天天天等于二十年，你这三百六十五天等于多少年了，我都算不出来。所以老子就以飘风和骤雨、以暴风雨为例，说明我们治国也好、处理一些事情也好，要有正常的速度，要维持一个匀速，用现在的语言就是维持一个可持续发展，维持一个科学发展，你不能老是只求快、只求数字、只求那种超常的速度。

关于速度

我们国家在制定国民经济计划的时候常常要做的是：又要保持相当高的速度，又要适当的平衡，不要让它过快，不然就是要付出代价——用的力过多造成快了一段，然后又出现了新的矛盾、新的问题，咱们宏观调控也讲这个。所以我们也可以说，老子是通过风风雨雨、通过天地，来讲世界的大道本身就是要有所调控的，就是要有一个正常的速度和节奏的。

谁能做到报怨以德

老子在六十三章又提出来『为无为，事无事，味无味。大小多少，报怨以德』，你要做一些事，比如『无为』——我愿意把它解释成：不是说你什么都不干，而是你做一些让大家能发挥出积极性、自然而然地去努力做的事情，不是

你把所有的活儿都包在你这儿，不要包打天下，不要包揽一切好事，而是发动各个方面的力量，要使人尽其才、地尽其力、货尽其用，让各个方面的力量都自己能够发展起来。『事无事』，这个『事』有两个意思，一个是做事、一个是麻烦的意思，就跟英文 affair 一样，affair 可能是好事，但在很多时候指的不是好事，它指的是并不好的事。『事无事』在某种意义上说，就是你要做一些使那些麻烦的事情越来越少的事情，你这个统治者、你这个当政者、你这个侯国的国王、你这个大臣能够做到把很多麻烦消化掉消解掉，你所从事的这些事情、你所提供的这些服务，我们用一个比较熟的话来说吧——当然这个话也并不准确，我们姑且这么用一下——就是说能够大事化小、小事化无。我知道我们行政干部里经常也说一个话，比如说那个地方上的领导，或者一个具体单位的领导，说他消化能力很强，他能化解许多矛盾，不是说什么事都往上折腾，都得要求变成全国的大事，而是尽量把各种人民内部矛盾能够该调解的调解、该处理的处理，这不就是『事无事』吗？你从事各种事情的结果，使天下无事，老百姓安安心心地、平平安安地过日子，这不是更好的政绩吗？

『味无味』，我的理解就是不搞强刺激，你在掌握着政权的情况之下——当然外敌入侵了，那没办法，那不是你要刺激人民，是外敌要侵犯你，他要刺激你——『味无味』这也是生活上的一种态度，就是说要做到从生活上不受这种挑动、不受刺激、不受干扰。我知道北京人过去有一个说法，他们在除夕的时候吃素饺子，至少有一部分老百姓这样，他们的说法一个是素饺子是为了祭奠祖先，还有一个说法吃素饺子的意思就是希望我们的日子过得素素净净，也就是不在我们的生活当中出现那些麻烦、出现那些灾难、出现那些祸害。我不被人诬陷，我自己也不进陷阱，没有大起大落，希望过正常的生活。当然了，我们也可以谈另一面，说人还应该要冒险，应该不羁，说人生能有几次搏，要奋斗、要敢于尝试，还要上太空、还要上月亮。当然这是事物的另一面，但是作为普通的老百姓来说，他希望日子过得素净一点，这可以理解。在贵州它不叫素净，因为我没有在贵州生活过，但是我曾经很喜欢读贵州有些少数民族的作者写的小说，他在小说里就干脆说『平淡』，他的日子过得很平淡。从我的经历我的教育来说，我不喜欢平淡这两个字，因为我从小经历了历史的暴风雨，新中国的建立，可是后来我看了贵州朋友写的小说，我就知道平淡的滋味其味无穷，平淡就是按非常正常的路径各安其位、各安其业，和谐社会，共同奔小康。这是一种平淡，是老子非常理想的。

老子认为春秋战国的时候，各个国家花样翻新，各种邪招怪招都有——咱们少玩点儿这个吧，咱们该干什么干什么行不行？我觉得老子说这些话的时候，他甚至于有一种向天下呼吁，吁请各位君王、各位有权有势的王公贵族，你们少折腾一点儿。他有这个意思。然后他说『大小多少，报怨以德』，『大小多少』都是互相转化的，都是变来变去的，有时候你看见这个事很大，它将来有可能变得很小，有时候现在你的财富你的兵员很多，但也许将来它会变得很少，因此大小多少都是来回转化的。他提出一个口号，叫『报怨以德』，现在这个词仍然存在，我们现在一般说『以德报怨』，这就和我们曾经有过的、也是古人的说法『以其人之道，还治其人之身』不同。我想『以其人之道，还治其人之身』主要指的是在革命斗争、敌我斗争这种问题上对待敌对的阶级、敌对的势力，不能够讲仁政，我们不能够书生气，不能够说是对方要打你的左脸，你把右脸也伸过去——我们过去一块儿工作的同事也笑我，说左脸打完了，你把右脸伸过去，人家毫不客气照着你右脸啪又一嘴巴，问你怎么办？但是作为执政党、作为执政者来说，他又不可能什么事

都是『以其人之道，还治其人之身』，那就永远是针尖麦芒、永远是冤冤相报，冤冤相报何时了？我们现在有时候对中东的问题就发表这样的意见，就是说你不能够光以其人之道还治其人之身了，有些时候如果有一点老子的思想『报怨以德』，有一点你对我不好不等于我一定要对你不好，你对我不好我仍然争取对你好。

曹操曾经有话，这是《三国演义》上的话，符合不符合正史我也不知道，说是曹操有一个做人原则：宁教（叫）我负天下人，不教（叫）天下人负我——宁可我对不起你们全体，我不许你们谁对不起我。作为一个奸雄——实际上曹操并不是这样的人，这是另外的问题，在《三国演义》里头把曹操写成这样的人，这么一个以自我为中心的、自私自利的、完全不考虑别人利益和感受的一个洋洋得意的野心家——说他的原则就是我对不起你行，你不能对不起我。

但是我们也可以尝试一下老子说的，我不以眼还眼、以牙还牙，而是以德报怨，来逐步地改善人际关系的氛围。甚至于我们也可以从另一个角度上说，你如果有负于他人、你对不起别人，你的良心上是受谴责的，你晚上睡觉是不踏实的。如果别人欠着你一点人情、欠着你一点行善，相反的你倒没有什么不满足。你回想一下，比如说你老了，你也七十了、你也八十了，你到了晚年了，你需要临终关怀了，你想一想——我这一辈子有几件事挺窝囊的，但是我没有害过别人，我没有给别人造成不可挽救的损失。我想这是一种相对比较平安、比较满足的心情。相反，如果你到了晚年，一想起来都是你整天害人的那些事，我想那是很不幸的。

所以老子的这个『报怨以德』，尤其是对于掌握了政权的人来说能够最大限度地团结大多数，这其实也符合毛泽东主席讲过的调动一切积极因素，同时把所有的消极因素努力变成积极因素。我觉得这个化消极因素为积极因素的提法，是一种长治久安的提法，也是一种报怨以德的提法。

脚踏实地

老子底下又接着说『图难于其易，为大于其细』，天下难事必作于易，天下大事必作于细，就是你想办一件很困难的事，你先从最容易做的事做起。这个是很符合常识的，你想做很多大的事，一下子做不了，你先看哪个能做你先做你别等着说你想写伟大的作品，你想一下子能够写出二百万字的一部大的长篇小说来，你写不出来！你先从短文开始，你先从小东西做起，你想帮助世界，你能不能先从帮助你的同事、帮助你的邻居，甚至于帮助你的兄弟姊妹、帮助你的父母，从这些地方做起。他说想做一些大事——『细』就是小——你从小事做起。这一点上，老子又不像只讲『大道』、大而无当，讲得很抽象，『玄之又玄，众妙之门』了，这里老子很实际，在这一讲里边他好像涉及很多非常具体的方法，告诉你怎样做。

诸葛亮是并不讲老子的，但是诸葛亮的《出师表》里提醒后主刘禅刘备的遗言『勿以善小而不为，勿以恶小而为之』，你做一件好事，不要因为事太小了不做，因为大事都是小事积累起来的。『是以圣人终不为大，故能成其大』，这又是老子的话了，他说圣人就老不觉得自己多么伟大，所以反倒他就『成其大』，就跟前两次我们说过正因为他无私，他能成其私。你不把自己往伟大里搞，你可能还有伟大的时候，把牛皮吹得快要爆炸了一样，你反倒就伟大不起来了。

治国不能忽悠

『夫轻诺必寡信，多易必多难。是以圣人犹难之，故终无难矣』，如果你想得太多、你的允诺太多，你反倒丧失了信用，

别人不信你了，你吹的，你要干的事太多，你都是大话，你就寡信，丧失了公信力。你把什么事看得非常容易，『多易必多难』，你看得太容易了，你没有做好各种的准备，你没有足够的实力去解决这些困难。『是以圣人犹难之』，圣人把每件事都想得相当困难，『故终无难矣』，这种情况之下反倒就没有困难了。

这些道理现在看起来都很实在，也都应该是很容易理解，和老子其他的很多道理相比，并不特别的新奇。我觉得他讲的话，从反面来说倒是给我们一个很大的教育，什么大的教育呢？就是说『圣人终不为大，故能成其大』，但是我们反过来看看，世界上有一种人，就是老想把自己搞大，老要往大里吹，死活要往大了吹，这种人有时候也会使我们上当。中国有一个词，我非常喜欢这个词，叫『大言欺世』，就是你的话说得太大了，你能够欺骗这个世界，这样的事我可是碰到的太多了。

小谎易破与大谎难缠论

有时候我们需要讨论一个现在还不能够做出非常准确判断的这么一种现象，什么现象呢？就是小谎容易被拆穿，而大谎有时候反倒能蒙人。有这种情形，我们就拿邪教来说，它是这样，比如要是我有皮肤病，要是他出来说我能给你治皮肤病，这个很容易拆穿，因为你给我念咒也好、给我上药也好，三个月过去了我这个皮肤病越来越严重了，这证明你是骗子。但是如果他出来说：我要拯救全人类，现在地球快灭亡了、现在大的灾难快来了，你们按照我这个办法就能够拯救全人类，就可以让地球不灭亡了。反倒有人信了。所以老子他从那么早就提出来『轻诺必寡信，多易必多难』，就是过多地说大话，把牛忽悠得无边无沿的，遇到这样的人，你不要相信他，这样的人也不可能成功。

我觉得我们引申了一下老子的道理，给我们很多的启发，他说的长治久安、他说的大国——可以说他一上来强调的就是越大国越不要自大，越大国越不要高高在上，越大人物越不要轻诺，不要轻易地做各种的许诺，你越是大人物越不要把什么事都看得那么容易。这是我最喜欢的一段话，已经多年了，我多次讲过这个，我就说凡把复杂的问题说得小葱拌豆腐一清二白的，皆不可信，凡把困难的任务说得如探囊取物一样容易的，皆不可信。

有时候本来很复杂的问题，可是你让那位一说简直就是简单得不得了，好像只不过一念之差，就好像一个按钮一样，你把那个按钮『啪』这么一拧，天下万事大吉。没有这样的事，世界上不可能有这样的事，所以老子他提出来大国要为下，大国要注意小事，大国要从小事做起，大人物要报怨以德，越是圣人越要把什么事的难处想得多一点，做的思想准备多一点。这可以说他恰恰是教育人要谦虚、要谨慎、要小心翼翼，要日积月累，要慢慢的，不要老是搞暴风骤雨，而是要和风细雨，要在一种正常的节奏和速度下面来做我们的事情。

老子的非战思想

老子在第三十章里讲这么一个问题，他说『以道佐人主者，不以兵强天下，其事好还』，他说一个真正的人主——当然是指那些掌权的侯王，诸侯、大的诸侯——他说用『道』来辅佐这些侯王的人，不要动不动就选用武力，不要动不动使用武力，这个说法也非常的理想、非常的好。底下他又说那些『大军之后，必有凶年』等话，他反战厌战，因为他知道战争带来百姓太多的痛苦，而且在一场混战当中你很难说谁是胜者。胜利者付出的代价也是惨重的，失败者更不要说了。

所以老子这样的一些说法，讲到大国之道、讲到长治久安之道，这样一些说法是很有价值的。当然我们也可以很轻易地否定老子的这些说法，我们可以反过来说，不管是春秋战国时期诸侯的侯国也好，还是今天世界上的一些大国也好，有哪个国家是仅仅靠『大道』就会得到发展，或者是取得了自己的某些胜利，或者达到了目标的？没有我们可以说老子是空谈。相反的我们看到哪一个大国没有很强的军力，哪个国家、甚至于中等国家能没有自己的国防、能没有自己的军队？这个说的是对的。

不能无理想，也不能太理想主义

因此我们说老子他有他的理想主义，理想主义是个好听的话，如果说得难听一点，就是他有一些东西是空想、是空的，因为他所在的那个时代可能太多战乱了，兵荒马乱，所以他可能在自己的想象当中构建这样一个理想的社会。这当然也是一个很好的理想。

我们可以反过来问，世界上又有哪一个大国，不管是春秋战国时期中国的侯国，还是世界史上有哪一个大国，仅仅靠武力、靠军事能达到它的目的呢？相反，我们找到了无数个例子——所谓强国的盛衰、所谓大国的兴衰，多少大国都是由于它的霸权主义，由于穷兵黩武，由于它把人民的力量都用在战争上，而最后造成了自己的失败。日本军国主义不就是这样吗？日本当年在亚洲可以说是唯一的一个初步实现了现代化的国家，当时它了不得，它就要靠自己的军事，它认为它起码可以称雄亚洲，甚至于还有更大的野心。第三帝国的兴衰也是这样。往古代一点说，罗马帝国的兴衰都和它的穷兵黩武有关系。拿破仑曾经一度是取得那么大的胜利，最后他穷兵黩武的结果仍然是自己的失败和灭

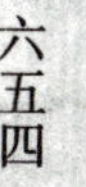

亡。所以我们从反面来说，靠穷兵黩武、靠耀武扬威、靠动辄加压，并不是一个长治久安之道，并不是一个大国取胜之道。

坚持和平发展

从这个意义上来说，我们还可以稍微联系一点实际，就是我们中国在发展的过程当中，一定要坚持和平发展这样一条原则、这样一个道路。现在也有这种大言：用一种煽情的方式，好像要求中国要更强硬的、要多使用一点武力，就是类似的这种说法吧——一种煽情性的说法、典型的大言。其实因为他们没有实事求是地考虑到我们国家的最大利益是什么，没有真正把发展当成我们的硬道理，而要求我们刚刚初步取得了一些成绩，就要以军事强国的姿态、取一种动不动『你不行我就揍』那样一种态度，我想这是完全不可取的。我们再从另外一面来说，那么大国是不是老得装小啊，大国老得和平啊，大国老不能说句强硬的话啊？我想当然也不是，大国小国都有自己的底线，都有自己的目标，我觉得我们今天所说的大国恰恰要求的是——我们中国有一个很好的词叫做『泱泱大国』，就是你有一种大气，你有一种大的胸怀、有一种大的眼光，你拥有一种大的姿态，这种大胸怀、大眼光、大姿态才是真正的大国。我还可以对大姿态、大眼光略加解释，我说这也符合老子的理论。

什么样是真正的大国呢？第一，它懂得兼顾别人的利益，它并不是把民族的利益、一个局部的利益放在一切之上，它就是要照顾自己利益的同时，也照顾邻国的利益，也要照顾各种友好国家的利益，要照顾世界上大大小小的各个民族的利益，我想这就是一种大眼光。第二，它要负起责任，就是说它要保持一种内部和外部关系的平和，你说和谐社

王蒙评说《道德经》系列

不能太理想，也不能太理想主义

会也好、和谐世界也好，这本身就已经有一种大国的风度、一种大国的眼光。我们所说的大国也还包含了『欲穷千里目，更上一层楼』的意思，就是我们能够看到更长远的利益，为了这个长远的利益，甚至于有些时候我们不可避免地做必要的妥协和让步，妥协和让步是为了使我们的国家能够在一个相对比较有利的环境里边发展得更好。所以从老子那个时候，在治国上他已经看出来了，有一些事不要急躁，有一些事不要一味的强硬，而应该使这个国家保持一种比较正常的良好的秩序。

为道日损，损之又损

老子在第四十八章中说：『为学日益，为道日损，损之又损，以至于无为。无为而无不为。取天下常以无事。及其有事，不足以取天下。』他说：求学，你每天都要增加一点知识，增加一点信心，增加一点思路，扩充一下你精神的空间。但是『为道』——要学道，你每天要减少一点东西，要减少一点浮躁，要减少一点私心杂念，要减少一点成见，要减少一点庸俗的所谓宠辱的计较等等这些东西，所以『为道』你会越来越单纯，你会越来越明朗，而不是给自己增加许多负担，『为道日损』是你要减少自己的那些思想的负担。『损之又损，以至于无为』，你损到什么程度？损到了以后你再不做任何蠢事的程度了，你再不做任何既不利人、又不利己的事情了。他说『取天下常以无事』，我并不是靠制造纠纷，我不是靠浑水摸鱼，我不是靠制造麻烦来达到我的目的，而是靠我不制造麻烦，我不制造纠纷，我更不挑起战争，用这种方法来得当时的所谓『天下』的拥护。当然这又是一个理想主义的说法，要是全面地客观地说，『大道』也得有实力，也得有经济实力，也得有军事实力。但是同样的，我们对道的追求、对无为的追求、对无事的追求——

就是对不出麻烦的这样一个追求，我们是完全可以作为我们的一个理想，作为我们的一个提倡，你做不到都没关系，但是我们应有这个提倡。

以百姓之心为心

老子还说：『圣人无常心，以百姓心为心。善者吾善之，不善者吾亦善之，德善。信者吾信之，不信者吾亦信之，德信。』他说圣人自己并没有一个固定的、先入为主的、不能变的心——也有的版本是说『无成心』，就是已经形成了、已经固定一成不变的心。『无常心』、『无成心』的意思关键在底下『以百姓心为心』，老百姓需要什么，是什么样的心思，我就是什么样的心思。这当然讲得非常理想了，这也是理想主义者，亲民的理想，甚至于还有一点民主的味道、民主的萌芽。

底下的话又和『报怨以德』说法相一致，他说『善者吾善之』，本身很善良很好的人，我对你应该很善良很好，『不善者吾亦善之，德善』，你不太善良，我对你也不善良，那最后就永远没有善良了，就是中国过去描写的民间打架，甚至于是黑社会打架，说：你对我不仁，你就别怨我对你不义，你捅我一刀，我捅你两刀子，然后你再捅我三刀子，那就永远捅下去，最后两人全死在这儿，一地血腥完事。所以老子提出来：他不够善良怎么办呢？我也仍然用善良的政策对待他、感化他，然后我才能得到这个『善』。『信者吾信之』，你说话有信用的，或者说你相信我的，我对你也要相信，我对你要有信用。你说话有信用，我对你说话也有信用。你相信我，我也相信你。『不信者』，你说话没有信用，而且你也不相信任何人，我跟你说的话你又不听，但是『吾亦信之』，什么意思呢？就是我仍然相信你是有

改正的可能的，我仍然相信我跟你说一些好的话，符合大道的话，对你有用的，不是没有用的。

我想老子有这么一种气概，有这么一种境界，确实是不容易，有这么一段话也非常不容易，是使这个事物有产生新的转机的可能。你如果只有报复，只有冤冤相报，只有你对我不仁、我对你不义，你对我不信，干脆我骗你，你想蒙我让我上当，我让你上更大的当，这样的话就永远没有理想的实现。尽管老子说完这话不等于这个理想就实现了，起码我们还知道有这么一个理想呢！

防微杜渐，避免被动

第六十四章『其安易持；其未兆易谋；其脆易泮；其微易散』，他说在相对比较安定的时候就容易保持安定，你要珍惜这个安定，珍惜这个平安，保持这个平安。一个人的健康也是这样，你已经得了病了，去治疗，当然该治疗也很好，一般情况下我相信经过良好的治疗，你可以变得更加平安健康，但是如果你没有病的话，你能保持住你这种良好的状态有什么不好？一个国家也是这样，『其未兆易谋』，当一个事情还没有充分显示出它的兆头来，这个时候你容易敢干，你容易做计划，你容易做一个预案。事已经发生了，你临时再定方案就晚点了。『未兆易谋』的意思就是对任何事都要有预案，现在咱们国家不也汲取了这些年的经验教训吗？对于传染病，现在对于传染病就比当初一开始『非典』——那是二〇〇三年吧，比那个时候显得就有一套办法了，该开什么记者招待会，该通报信息，该隔离，该戴口罩，该预备疫苗，该制定医疗方案，这就是『未兆易谋』。

『其脆易泮』，东西比较脆的时候容易融解，『泮』是说它能够融化，就是它还没有很强大，没有成熟的时候，

就容易把它化掉。『其微易散』，本来还很微小的时候，你容易把它攘开了，把它散开了。其实这个道理至今仍然是适用的，我们常常说有些事情要注意萌芽的阶段，有些事情不要等事情闹大了再去解决，有一个词叫『防微杜渐』。『千里之行，始于足下』，你不是要走一千里吗，你一步走不了一千里，你先迈一步，你迈一步总算是在一千里那儿少了一步嘛，你迈完第一步再迈第二步，你从这些小事上做起。我们又说『千里之堤溃于蚁穴』，一个千里防洪堤，几个蚂蚁弄一个小窟窿漏水，一点一点漏，越漏越大，把这个堤坝都给冲毁了。这些地方其实老子的思想和中华传统文化、甚至于我们可以说和人类的政治经验都是相符合的。

坚持到底

『为者败之；执者失之』，他说对什么事，不要很人为地去做，你要越是想做那个做不到的事，你就越会失败，你越是想把这个东西紧紧抱在怀里不撒手，你就越会丢掉它。这些地方老子还是往往从反面给你一些警惕，给你一些经验、给你一些教训。他说：『是以圣人无为，故无败；无执，故无失。民之从事，常于几成而败之。慎终如始，则无败事。』他说圣人不去刻意地做做不到的事，所以他不会失败，他也不是抱着那个不该归他的东西不撒手，所以他也不会丢掉。

下面他又有一个很好的主张，他说老百姓往往在事情就快完成的时候放松了，就失败了，功败垂成，体育比赛上最多：乒乓球他已经连赢三比零了，我们排球都有过连赢已经二比零了，再赢一场就下来了，结果让人家给翻了盘了。所以他说『慎终如始』，你到了最后的时候还像刚开头一样的小心、谨慎、周到、认真，一定要注意坚持到底，这样的话就不会失败了。

第十七讲　虚静、复命、知常

让我们一起体悟道的特征

在老子的通篇《道德经》当中，不断地阐述「大道」，为大道命名，解释大道是怎么回事。其中有一讲就涉及他说大道的名就是「反」与「弱」，然后归结到「无」。他说大道往往是朝自己的反面来运动的，其实老子也常常是从反面即逆向来论述他的理论。我们可以说，老子往往提出与多数人的共识针锋相对的见解。

今天我们就以「虚静」「复命」「知常」这几个话题来进行讲解。老子为什么要提倡虚静？老子对「道」是从多方面、不知道多少个方面来研究的，因为「道」本身这个概念挺大，又不是一个特别死的、特别定性定量、特别准确的那么一个概念，不是一说就明白的，所以他就从头到尾不断地说。后面也给「道」加了好多词，像「唯恍唯惚」「恍兮惚兮，其中有物」「其中有象」「其中有精」「其精甚真」等等这样一些词。就是说「道」就好像是基本粒子，那么小的物质无处不有。有的地方说「道性」，就是道的品性，等于说道品和道性，当然还有道行，就是说你怎么实行或者怎么训练这个道等等。

道的名称与美好特质

在讲虚静之前我先说一下道的美好的诸多方面。就像有的宗教说是它的主的名字就是一百来个，说是九十九个名称代表主的九十九种美德。我在《老子》这里头也研究这个，《老子》里这个「道」也起了各种的名字，但是不到

九十九个。比如说他说过下列字词来代表或说明道：一、大、远、逝、反、夷、希、微、冲、母、宗、渊、湛、牝——就是代表雌性的那个牝，淡、善、损、足、余、氾——氾是一个三点水，其实它本来和那个「泛」字通，就是泛滥的泛；还有退，他说「功遂身退，天之道也」，还有：根、若水、惚恍、无为、柔弱、婴孩。小三十种、小三十个名称，它都讲的是「道」。今天要讲的虚与静，也是道的别名。

我还做了一个统计，一般读《道德经》的人不做这个统计，我统计的结果是这样：老子这五千字里头出现的字最多的是「无」，一共出现一百零一次，就是一百零一个「无」，在这五千字里头它占了一百零一个，这个比例非常大。然后是「天」，是九十二个，那也很高了。然后是「有」，是八十二个。「无」和「有」其实是恰恰相反的。然后是「道」，「道」本来是最重要的，但是它屈居第四，还不在前三名，它是七十五次。然后「大」是五十七次，「善」是五十二次，「德」是四十三次，「失」是十八次，「争」是十六次，其中包括「不争」七次，「无为」是十三次，「玄」是十一次，「静」是十次。底下一位数的我就不说了。因为汉字一个字就有自己的思想、有自己的意思，从这些里头可以看出老子兴趣的重点、研究的重点，我把它连起来是：无、天、有、道、大、善、德。对这些词、对这些概念，他特别有兴趣。

虚静是道的一个侧面

他在有些地方又特别讲究「虚」和「静」，其实我前面讲的意思，就是：虚和静实际上是「道」的一个侧面，尤其是「无」的一个侧面。老子在第十六章里说「致虚极，守静笃」，「虚极」就是达到了「虚」就是「无」的极致，就是说我自己没有那么多成见、没有那么多私意、没有那么多的焦虑，我不自寻烦恼，我也不自己给自己找麻烦，这样我的心里

经常是坦荡荡的，我想他是这个意思。「静笃」，「笃」是诚实，就是特可靠、特老实，「静」的意思就是我并不受外界的那些干扰，我不让自个儿老沉不住气，老在那儿折腾着，或者老不放心、焦虑，这意思就是说 worry，我该干什么我干什么。我从「静」字上想到毛泽东主席爱说的一句话，他说「冷处理」，冷静、冷静，就是世界上有很多事，要正在它的动荡之中处理挺困难的，不如让它凉下来，咱们等一等、拖一拖，然后再处理。

观复的意义

老子说「万物并作，吾以观复」，「万物」就是世界上的万物、万象并作，就是都同时在运行，「作」就是说运行存在变化，万物都在转变，谁也挡不住，谁都在那儿变化。「吾以观复」，他接触了一个「复」的观点，复就是反复的「复」——现在和复杂的「复」的简体字是一样的，要是繁体字，这个「复」只是当反复讲，不当复杂讲——「吾以观复」是什么意思呢？万物并作了，但是我老瞅着它，它变了半天又变回来；「观复」，如果我用通俗的解释的话——当然这个解释就是为了解释的方便——就是说能看着万物在那儿变化，变来变去又变回来了。

这是老子的一个观点，跟他说「大」——曰「大、逝、远、反（返）」——一样，最后又返回来，也是这个意思，循环往复。有人说这个和中国人对圆形的崇拜有关，中国认为一切大自然的东西都是圆的，它转一圈最后还都得回来，这个咱们参考吧。就是这种理念，它是一种循环往复，它是圆形的。

万物万象都要归根

「夫物芸芸，各复归其根」，「芸芸」就是很纷乱，这个世界上的事：天文地理、东南西北、冷热寒暑，有生命的没生命的，乱着呢，芸芸众生花样无穷、样式无穷，纷纷扰扰、熙熙攘攘，但是它要「复归其根」。这个「根」古人也有各种解释，有的说根就是道，复归其根就是复归其道；有的说根就是生命，就是说它最后回到生命。我个人愿意把这个根，说成就跟咱们说叶落归根一样，就是回到它的本身、本体、本源、本初。什么叫「复归其根」呢？就是这个变化之中，会出现各种千奇百怪的，意想不到的各种现象、各种变动的可能性，但是变动的最后结果该什么样还是什么样，还要回到那个根，就是本，还要回到你那个根本上来、回到那个本初上来。这里的成语就是返璞归真或者返璞还淳。

拿一个人来说吧，一个人这一生他有很多机遇，也有很多干扰，有很多对他的推动，也有很多失败；想走快了，恰恰由于某些原因快不了了。但是这个人本身除了有这么多的干扰、这么多的机遇、这么多的推动或者失败以外，他还有一个根本的情况——他在变化当中可以突然脱离开根本的这个情况，但是最后他还得要回到他这个本初来。拿文学作品里面的例子，比如说果戈理的《钦差大臣》：赫列斯达柯夫是一个穷小子，但是服装穿得很帅，穿一身燕尾服，所以他被认为是钦差大臣，受到了热烈的招待，就是说他一下子离开那个根了，离开了那个本了，他本来是A，结果他变成非A了，你还不好说是他自己非要变成非A，是受外界的影响，外界——俄罗斯沙俄时期外省的无知小官小吏，很愚蠢的那么一群，又糊涂又愚蠢的那么一群人，硬说他是钦差大臣，他的错误就是他没说我不是，他一看：呦，怎么都说我是钦差大臣，那就当两天钦差大臣吧。是这么一个故事。但是你这么变化，你时间能长得了吗？

中国也出过类似的事，老舍先生在上世纪五十年代还写过一出话剧叫《西望长安》，他也是根据一个真实的骗子

的故事。

当然这是骗子，也有别的情况，比如说本来是一个文人，这个文人在历史的风暴当中也成了呼风唤雨的人物，也成了革命家、也成了政治家、也成了群众领袖，但是到他晚年的时候，或者到他最后一种什么情况的时候，你从他身上又看出他那个文人的劲儿来了。

当然我们也可以找到相反的例证，一个庸人硬是因为特殊的机缘高升再高升，从此下不来了。一个骗子硬是由于大言欺世而成了人民的良心，人们硬是不正视他的真相了。或者一个好人硬是被诬陷被打击沉冤海底，百世无救。这并不是说到了他这儿了就不会复命归根了，而是说他的复命归根的周期要长一些，十年没能复命归根，那就二十年，活着不能复命归根，那就死后再看，所以中国有一种说法，要论万世，要长期等待观察。归根结底，真的假不了，假的真不了，该什么样，最后还得什么样。

归根实大不易也

据说美国有这么一种说法，说的玄点，咱们就是姑妄言之姑妄听之。他说一千个人里头，有一个人知道自己真正适合干什么，一千个知道自己适合干什么的人里，有一个人自己真干成了——他说得太玄了，你想想一千乘一千这等于一百万，他说每一百万个人里头有一个——他的职业也好、他的生活道路也好，是和他本身最适合的，这样的归根也太困难了。所以欧美常常有些人在年老退休以后说，我终于可以干我想干的事了——退休以后他六十八了，他去上美术系、他去上学，甚至还有上中文系的，我见过，我说：为什么您这么大岁数上中文系，您学得会吗？他说，我就是所说中文系特古怪，它不一样；他说，我想知道知道，我学会学不会没关系。这都有一种经过各种的变化以后要归根的这种感觉。

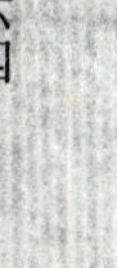

归根的踏实感

其实老子所描述的这种『万物并作』最后回归本源，给我们一种特别开阔的视野和比较高的角度，然后看整个事物的运转过程——但是常常可能我们会迷失在具体的过程当中，就是不知道本源是怎样的，将来会归到哪一个根去。但是他这种说法又给你一种踏实的感觉，你可能在这一生中有意外的奇遇，也可能你在这一生当中受到——完全就是人有旦夕祸福——料想不到的打击，但是最后有一杆秤，这杆秤就和你本身的情况大致是相平衡的。他给你这种感觉，包括我们中国人的许多说法都跟这种思想有关，比如说：落叶归根，『少小离家老大回，乡音无改鬓毛衰』，它仍然让你感觉到你最本初的时候，比如说你是一个乡下小孩子，那么最后你当了大款也好、你当了学者也好、你当了大领导也好，最后他愿意还回到他自己那个农村里头，还能够体验一下他童年的那种比较朴素的生活，这样一种心情不见得人人都能够实现，但是对人的情操、对人的心灵有一种安慰的作用。

归了根就静了，复了命了

所以他底下又说『归根曰静』，你回到您本初了，你确确实实知道自己是老几了，你也就静下来了，就踏实了，就是你不闹腾了。你忽然要当大款，假设说这种事也是可能的，你大款成功了，成功一阵又失败了，失败一阵没准什么案子您还进去了，进去了以后又审查了多少年，你又没事了，最后你回到——你该干什么——你是乡下人你还是乡

下人，你没有太大的本事，你还是做一个普通老百姓安度晚年。

他勾画的这么一种图景，就说你归根以后就静下来了；他说「是曰复命」；「复命」就是我又回到了我的生命的原生状态，我生命该什么样就是什么样。「命」把它当「命运」讲也行，就是我的命运该是什么样就是什么样。「复命曰常」，我该什么样是什么样，我就得到了常态，人也好、世界也好、万物也好，它有它的常态，也有它的变态、异态。就正像老子前面曾经说过的「飘风不终朝，骤雨不终日」，突然刮大风突然下大雨这并不是常态，三百六十五天里不可能是天天海啸，要天天海啸这日子就没法过了，所以能够回到常态，能够取得一种恒常的、相对稳定的这么一种状态，相对安静和平和的状态。

从「知常」一步一步上台阶

当然这个事咱们现在暂时不用和老子抬杠，要是考证，你说这历史，这常态不是常态历史，战斗才是常态呢，打仗才是常态呢，这是另外的问题。其实老子也说过变化是常态，但是他的变化里有一条，就是我变来变去万变不离其宗，我变完了以后我还要「复命」，我还要「归根」，我要「知常」。「知常」就是知道什么情况是属于常态，你知道常态了，「知常容」，你的心情就比较开阔，你也就比较包容了，因为你知道世界上许多事情，不可能在你的一次努力之中就完成——凡是你不喜欢的全灭掉，凡是你喜欢的全成长、全霸占，这不可能的。

「容乃公」，一个有容量的人就公道，因为你没有情绪，你动不动对你不赞成的事有很大的情绪，你这就不会公道，你带着你个人的偏见、私情、亲疏、好恶、情趣；「公乃王」，另一种版本是「公乃全」，你平时很公道，万事没有

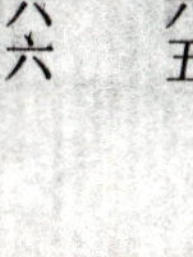

那么多私心，你就能当王了，或者你考虑问题就全面一点，不至于顾此失彼了。

「王乃天」，或者是「全乃天」，你要什么都照顾到了，你和老天可就一致了，你做事跟天一样。老子在另外的地方说，比如说「雨露」，道就像雨露一样，你不用安排、不用制定调拨的计划，到时候它就挺均匀的各地都有。当然我们也可以说老子那时候对气象学、对气象地理并不熟悉，其实降水降雨是并不均匀的，但是老子见到的地区雨露是均匀的，所以他说「全乃天」，你全面都能照顾，你这样的人就能够替天行道，你这样的人就跟天一致了，你这样的人的高度能够到天那儿去。这也是一种鼓励，这其实是一种最理想化的说法；然后「天乃道」，和天一致是什么意思呢？就是说你所做的一切就和大道一致，你实行的就是道；「道乃久」，我们前面说过，老子很多话是给诸侯君王说的，他说你要能够按大道做事，你就能长治久安，你不会三天半就让人给推翻了、让人给折腾掉了、让人给干掉了，能长治久安。你这一辈子都是按大道行事，你都知道自己是什么分量，都能够按自己本身的情况来做事，那你的行为和天一致、和道一致，这样你到死都不会遇到危机、不会遇到危险、不会制造事端、不会害己害人。

虚与静的含义

这是老子的一个想法，他的想法、尤其这个虚和静，你要细研究研究也还有点意思，因为「虚」在我们中文里含义也很多，它有一些很好的意思：谦虚、虚心，它也有一些意思代表着不是谦虚、虚心，而是代表着比较抽象概括，过去我们还说：以虚代实，先务虚后务实，是什么意思呢？毛主席的时代常常在工作上采取这种方法，就是让大家先讨论理论，讨论完了理论以后再讨论路线，或者先讨论这些非常大的，并不和你的吃喝拉撒睡柴米油盐酱醋茶、和民生、

和社会秩序打击犯罪并不直接有关的，先从理论上说清楚，然后咱们干什么活儿，再去解决具体的问题。『虚』还有这方面的意思，就是它比较原则。

当然在汉字里，『虚』甚至也可能有不好的意思，刚才我就在想，有什么虚伪、虚假，可能虚伪和虚假在老子这里他不太往这方面研究，或者我们可以把这两个字拆开来理解，比如说虚和伪，『虚』指的是一种不实的状态，老子可能更强调它不实、很空，可以接受更多的东西；『伪』可能是不好的。虚和假也是，假是不好的，虚也是一种状态。但是在老子这里，更重要的是『无』，是以无带虚。因为你要光说谦虚，把这事给说小了，好像是人的一个姿态，你要说虚伪当然更不对。所以老子的描述一直都是非常宏观的、是非常博大的，他强调的是『无』，刚才我也说了，五千个字里头光一个『无』字占了一百零一个，你看它占的分量多大呢。

有什么也不能有病有毒

老子认为，咱们很多人都认为自己的不幸是由于『没有』所造成的，而不知道自己的很多不幸是由于自己有了不该有的东西所造成的。他这个见解比较高超、特别精辟。比如说我不高兴，为什么呢？我级别太低，我没有足够的工资、没有足够的收入，或者说我没有足够的地位，或者我没有足够的名望，我没有大房子，我也没有那些奥运会冠军的体能，甚至于我没有一个特殊的背景——能够走到哪儿都受到照顾的这种比较不一般的背景。你当然可以这么想。但是你再想一想我们有多少不该有的东西有了，譬如说嫉妒别人，譬如说自己不应有的焦虑，譬如说嘀嘀咕咕，譬如说我不信任别人，动不动就老是起疑惑等等这样的一些我们不该有的东西有了，更不要说别的了。人家说有什么东西别有

病，你有病，你就是没有器官上的病，你还有精神上的病，就是心理上不健康的这些东西，给人们带来的困惑非常的多。所以他强调『虚』其中有一点意思，就是你要清理自己，你把你身上的那些垃圾、那些毒素、那些病态、那些病毒，那些东西你经常地自我都清一下，也就能够保持自己的一种相对比较虚的状态。

静才能进入最好的状态

静的意思应该说也是挺有意思的，这里的静的意思是人只有处于静的状态才能专心致志（静而后能安）、集中运用智慧，做到理性地、周密地、准确地思考与决策。而动荡、愤怒、焦躁的状态，不利于你的智力发挥。例如围棋选手，就一定会赞成这个说法。

其实强调动强调静都是对的，有人说生命在于运动，也有人抬杠，都是医学家，说生命在于静止，你静止下来。有些事很简单，像肌肉你得运动它才能生长，但是消化是必须静止的，在剧烈的运动当中消化的进行肯定是不正常的。老子强调静的意思实际上和孔子的提倡『中庸』、提倡人『不知而不愠』都是有关系的，就是说你不要在不安的状态下来做思考、做观察，你不要在你自己很不安的情况下做决策。只有你静下来了，你才能比较客观；他说是要容、要公、要王或要全、要天、要道。

老子还有一句话，他说『不知常，妄作凶』，就是如果你不知道常规、你不相信常识、你不懂得归根、知常、复命，你不知道这个东西你就会怎么呢？轻举妄动，你就会动辄做出一些不合乎科学、不合乎客观规律、不合乎人民的老百姓的利益的这样的事，你这样做的话不是很凶险吗，你不是给自己制造险情吗，你不是制造麻烦吗？你别看他那么早

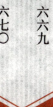

说的话，还真是值得我们认真地来思考。

能婴儿乎

在『知常』『复命』这里，老子还经常提出来他的一个主张，我们在最初的时候也曾经小有涉及，没有来得及展开，就是他希望人民回到，或者借鉴、或者沿袭婴儿的状态，他说：『载营魄抱一，能无离乎？专气致柔，能婴儿乎？』『抱一』这个『一』指的仍然是道，前面说的道的那些特点：一个『一』，它能把一切都涵盖起来，它能够跟一切的运动的规律相符合，所以才是『一』。老子问：你如果掌握了这个『一』，你能不能不离开它？你能够不管你干大事干小事，你都有这么一个道，有这么一个客观的规律在你心里做主心骨，而且你要『专气致柔』，你的心情很专，你不是乱，你不是个乱人，你还挺温和的；『能婴儿乎』，你能不能做到这样呢？这句话在《老子》里头多少还有点呼吁的意义，春秋战国的时候、东周末年，全国动不动就是血流成河、争权夺利、父子反目，经常就是这样，特别是那种『无义战』的情况，都变成豺狼似的，你当着一群豺狼，说是怎么样，咱们都变成婴儿好不好？这个实际上做不到的。但是做不到他有一种呼吁——这个写书的人该说什么好呢？他又并不是直接参与政治斗争的人，往往会有这种心情：咱们都消停点行不行啊，咱们心眼儿少点行不行？他就提出来一个『如婴儿论』。

关于婴儿他说得也挺多，他在第五十五章里头说『含德之厚，比于赤子』，说是什么样的人，他的德行、他的道德——就是古人也有这么解释的，说『道是体，德是用』，就是『道』就是要求掌握了本体了，你有的德行你发挥出它的作用来了，显出他的德行来了。

什么样的人德行最厚呢？是赤子、是婴儿、是小孩，因为小孩单纯、很天真。老子对婴儿也有一番观察，他也下了功夫，他说婴儿有什么特点呢？『毒虫不螫』，我顺便说一下，关于毒虫，他指的是蛇吧，我不知道，也可能他指的是这一类的东西，但实际上不是这样啊，你得看在什么条件之下。蛇也好，或者干什么也好，它没有不侵犯婴儿的，祥林嫂家的阿毛还不是婴儿呢，挺大的孩子都让狼给叼走了。但他说外界不侵犯他，『猛兽不据，攫鸟不搏』，猛兽和猛禽也不会攻击他。这个老子有点一厢情愿，他说婴儿不受攻击，那当然，婴儿不出门，他也不爬山他也不去野外考察地质，没机会，相反的他受到社会、受到他的家庭的保护。不等于婴儿有特殊功能抗拒来犯。但是老子他要这么说，咱们就让人家这么说，我觉得老子说的可能也是一种状态，就是一种百毒不侵的效用。

他说婴儿『骨弱筋柔而握固』，这个他研究得细。他说婴儿骨头挺弱，他的骨头还没长结实呢，他的钙、他的胶质，很多东西可能并不是很坚固，很重的分量他也经不住；『筋柔』，他的血管他的筋也还都软着，小孩、婴儿胳膊腿儿哪儿都是软的；他说『握固』，可能他攥拳头攥得紧，这个老子还对育儿一定做过细微的观察，他对育儿还有点研究，对小孩生下来拳头是攥着的，攥的有时候还挺紧，你想掰开还别使劲，你要使劲掰能把他骨头掰坏了；他会攥拳头，你别看他很弱。

婴儿论与弗洛伊德

他说婴儿『未知牝牡之合而朘作』，他说婴儿不知道动物的雄性和雌性之间的一些事情，但是男婴儿的生殖器还

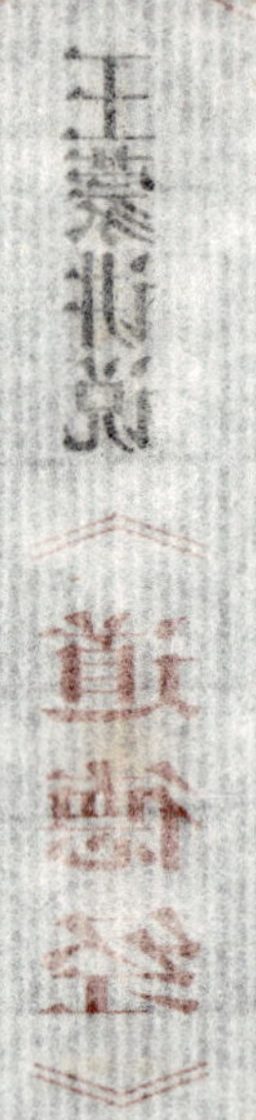

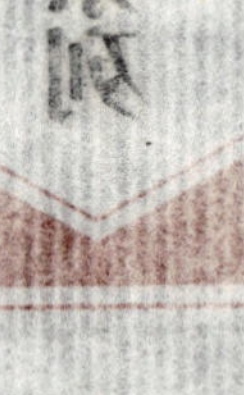

能坚挺起来。老子能观察到这里，我说这也绝了，我在别的书上，连弗洛伊德的书上都没记得他对婴儿有这种描写，所以他观察得特别的绝。他说这是『精之至也。终日号而不嘎，和之至也』，生殖器坚挺是由于精的存在。我没想老子那个时候清晰地掌握精子、精液、睾丸的物质与功能，但是他笼统地认为男孩子有了精就有功能，这很自然也很正常，不待后天的多事的辅导。甚至，多事的辅导有可能收到不良的效果。

他说婴儿从早到晚在哭，但是他嗓子不是特别哑，为什么呢？因为他『和之至也』，『和』是什么意思呢？他自己就调节自己了，他哭得累了他就歇会儿，他不累他接着哭，他不会说，特别的、大的激情在一种激动的哀伤之下大哭大闹，超出自己的精力——现在医学说婴儿的啼哭就是一种运动。他不哑也不是绝对的，我也见过有时候小孩哭的时间太长了，有时候属于那种非正常的哭，比如说由于饥饿而哭，哭的时间过长，他妈妈下班晚了，或者喂牛奶，牛奶没拿来，也有嘶哑的时候。

『和』才是『常』

『知和曰常』，他又跑到『常』来了，他说为什么这个婴儿哭了半天他不哑呢？因为他自己能够调理自己、能够调节自己，他为什么能够调理自己呢？因为调理以后他才能进入常态。这我觉得好解释，小孩儿他也不可能是因为一个噩耗痛哭不止，也不可能因为一个喜讯而大笑不止，所以他的哭他的笑、他歇着他睡觉，都是做得绝对自然。他也没个钟点，他该睡他就睡了，或者哭累了他就睡了，醒了他要运动他就要哭。

他说『知常曰明』，你知道了常态你就不会干太糊涂的事，『明』就是说你明白了，一个小孩儿，从意识上说，

婴儿谈不上他明白不明白，一个婴儿有什么明白不明白的，你要问他算术他也不懂，认字他也不懂，《老子》他更听不懂，他说的『明』是什么意思呢？我们从反面来理解，就是他既然知道常态，他不会去干糊涂事，他不会去干自己伤害自己的事，他不会去干伤害别人的事。这样我觉得我们大致可以接受——你要具体分析研究为什么婴儿不受毒虫或者毒蛇的攻击，为什么不受猛禽猛兽的攻击，当然还可以讲许多别的道理。

怀念婴儿时期

从保护婴儿的角度上来说，认为他不受攻击，干脆把他扔到山里，绝对是不可以的。老子谈的重点不在这儿，老子谈的重点在哪里？我觉得这里实际上有一个很深刻的、很有意思的问题，什么问题呢？就是说人在成长的过程中，他要不断获得新信息，人实际上是会越来越复杂，复杂这个话不是最好听，起码我们希望人在成长的过程中，丰富自己、充实自己，使自己的头脑里有更多的信息、使自己获得更多的经验、使自己遇事能够多想想、使得自己下棋能够多看几步，要充实要丰富，就是要自己的资源——自己精神的资源、经验的资源越多越好。这个我想应该是没有什么疑问的，我们绝不希望我们自己的孩子二十了，看各种问题的态度还跟婴儿一样，到时候见着奶瓶就抢，我们肯定不会希望这样。但是我们也有一种遗憾，或者我们也有一种愿望，一种什么愿望呢？就是一个人在丰富自己、充实自己、发展自己的同时，他还能不能保持自己的善良和单纯呢，能不能还保留自己的那种像儿童一样的趣味、那种热情、那种爱心、那种对别人的信任、那种对世界的期待？如果说我们有这么一个愿望，这个是很正常的也是非常自然的。

我们有时候看到一个人，他年龄很大了，知识也很多了，甚至也很有地位、很有成就、很有身份，我们非常喜欢

这样的人，他有他天真单纯的那一面，譬如说我就常常想和一些年龄比较大的人讨论，年龄大没有关系——一条河旱了好几天了，下一场大雨你高兴不高兴，你有没有一种兴奋的高兴劲儿：哎哟，这雨下得好！如果有，起码在这一点上，你还有婴儿的一种快乐，有一种非常单纯的对世界的感受，甚至一种歌颂。譬如春天了，冬天都过去了，你忽然发现玉兰花开了，你有没有一种喜悦，你已经七十岁了，你看见过七十次了，但是你仍然像第一次看到玉兰花开一样的高兴，如果你有这种反应，这人的日子就过得好得多，他周围的人也好得多。

如果你一脑门子官司呢——因为什么原因一脑门子官司我就不管了，或者是因为股票炒的问题，或者是因为跟领导关系不好——这样他就丧失了很多乐趣，也给别人带来很多烦恼。因为如果一个人整天一脑门子官司，他不光是自个儿倒霉，他周围的人都跟着倒霉。

但愿童心未泯

所以我就觉得这个，甚至于还有一些很具体的东西，比如我也常常想咱们别的事先不说，说像婴儿一样的哭一天嗓子不哑，这个我肯定做不到的，但是你还有那种儿童的好奇心、求知欲和对各种事都挺感兴趣的那个劲儿，而且承认自己好多东西还不知道：一看这个真好玩儿，这个怎么是这样的，这个怎么用，想用用这个手机——一个新式的，为什么它这么用呢？你有这个学习的心，有这个对于新鲜事物的趣味。我觉得一个人要是做到这一点，就是说他既有丰富发展成长的一面，又有单纯性情、好奇趣味甚至于是自己快乐的这一面，我想如果要是做到这一步，真的就是挺理想的。

其实我们说童心未泯，可能指的就是这样一种成年人的状态，保存着儿童的很多优点。我还听说过一些这样的故事，就是有时候一个人，他如果确实能够颐养天年，比较长寿的话，他越老越像小孩了，我们有一个很有名的陈先生，是一个语言学家，语言他懂得太多了，这语言、那语言、外国语言、中国各地的方言，他知道得非常多，但是在他晚年的时候，在他临终的时候，据说他什么话都不会了，只会他小的时候——他幼小的时候是在哪儿生长的呢？是在上海——到了他的临终的时候，他就只会说上海话了。我觉得这个也有点儿你转了一圈又回来了，这不就是老子所说的『复命』嘛，回归到本源。

所以我觉得老子果然——我有一个词，不一定用得恰当——我说他是『原孩旨主义』，就是把人的最初——想象人的最初、本初，人的起始，他认为这是最理想的人，因为这个人不受任何外界的影响。他把小孩当做最理想最美好最可爱的最令人向往的状态，所以说是『原孩旨主义』，孩子的『孩』。我说他是原人旨、原孩旨、原性旨，就是『人性』，他认为人性最初是指什么，或者我们可以说他是『原自然主义』，就是你一切都是自然而然地让它发展。他这个说法虽然过了一点，很片面了一点，但是他说的有可取之处，就是我刚才说的这么几个过程。

删繁就简

我们分析一下『删繁就简』，这里面又包含了『损之又损』『为道日损』，就是人在某些时候——你想一想：你有没有可能、有没有需要把你自己的头脑、把你自己的生活、把你的日程做一点删减？郑板桥给自己的书斋题了一副对联『删繁就简三秋树，领异标新二月花』。郑板桥当然是个怪才，他才能也极其出众，他有很多稀奇古怪的说法，

什么『难得糊涂』，他又做过地方官，也处理过各种案子，他又喜欢画画，有人说他这对联谈绘画，是为他的画室写的座右铭。但是你也可以把它作为人生的某种解释，就像秋天的树删繁就简，夏天当然好，夏天树长得最旺盛，枝繁叶茂，一层一层，你都看不见它，到了秋天的时候，哗啦哗啦，该落的就落了，该不落的还不落，树枝被删节过了，被删节过了以后，树更显出了自己的本初的姿态，而且树本身也利落点了，更帅气了。如果树也有知的话，它会因为自己的太多的树叶，还有太多的果子，太多的果实而压得直不起腰来，变了原来的形态，现在，这些都没有了，都删节掉了，它现在舒舒服服地来迎接秋天、来迎接冬天。同时郑板桥又来了一句『领异标新二月花』，并不是删繁就简后过冬就完了，你等到二月，因为郑板桥长期生活在浙江，江浙那一带的二月、也是农历的二月，农历二月就是公历三月嘛，到三月中旬桃花、杏花、玉兰也开始开了，正是在这种删繁就简的情况之下，反倒你的生活有点儿新意，你的花朵绽放有点儿新意。文人有时候对一些事情的说法，都代表着他人生的态度、人生的风格，要是从这个意义上想想，我一生能不能做到删繁就简？那么火爆干什么！包括钱也是一样，要那么多钱干什么！名誉也是一样，要那么多头衔干什么？有几样行了，然后我该创造的创造，我该进取的进取。他这个说法和老子的观点实际也都是相符合的。

为什么不断出现原教旨主义

这里还有有趣的是什么？就是任何一种学问、任何一种理论、任何一种智慧，和人一样也有一个发展的过程，有一个复杂化的过程，一开头这个学问有人说挺简单的，但是它往现实里一走，就开始复杂化了，好像是被动的、不得已而为之的。为什么呢？因为你不管多好的学问，实际做起来总是和你原来预设的情况不完全一致，比如说医疗保健吧，

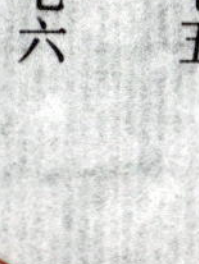

医疗保健的许多道理，这些道理怎么说怎么对，但是同样的一种医疗保健的方法，在不同的人的身上就会收到不同的效果，所以就越弄越复杂。

甚至于宗教也是这样，有时候宗教一上来相当单纯，但是在发展的过程中，和民族结合起来了、和地域结合起来了、和战争结合起来了、和谈判和平结合起来了、和政权结合起来，或者是和某一个特殊的大人物、大学者结合起来，就会越来越复杂。因为这种问题，这种无奈，各种学说上当然都会产生一种希望：回到最本初状态——希望人回到本初的状态、希望理论回到本初的状态、希望宗教回到本初的状态。

那么我们就又碰到了第二个问题，第一个问题我说如何使人在成长和复杂化的过程中保持一种单纯、保持一种纯真。我们碰到的第二个问题就是：如何使一种学问一种理念，在不断的变化不断的发展当中又能保持它当初的纯洁性、理想性。它没准儿也需要来个『知常』、也来个『复命』、也来个『归根』。因为很多理念，在它开始的时候都是最纯洁的、最理想的，但是发展着发展着，它变了味儿了。所以我就说：知常、复命、归根，可以从多方面给我们一定的启发。

其实我也受到一个启发，就像我们做节目一样，最开始我们可能有一个特别好的创意和想法，但是在实施的过程中会受到各种因素的影响，无论是客观的还是人为的，可能在最后成品出来的时候，有或多或少的删减。那我理解老子所说的这种『大道』——希望人们达到这种如婴儿的状态，可能也是一种最理想的极端的说法，他知道人们在实践的过程当中可能也会有多多少少的折扣，就像马克思说的：我们只有目标定得越高，你实现的理想才能越接近。就是

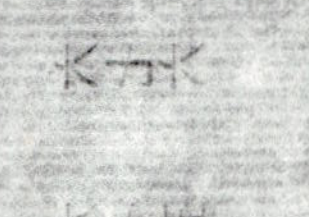

说人能够做到什么呢？能够掌握这么一个平衡，把发展变化结合实际的过程，和『回归、复命、知常』保持这种美好理念的努力，能够结合得好、平衡得好。

第十八讲　老子仍然活着

谈论老子，其乐何如

在这里谈《老子》，这已经是第十八讲了，比最初的预想还增加了若干讲。我觉得它已经变成了我自己的一个快乐。

我想谈一个意思，即我个人感到一种什么样的乐趣呢？就是把老子往活了推，努力把老子当做一种人间性的、生活性的，至今仍然存在的一种智慧的讨论、一种智慧的享受来谈。我追求的是思辨性、哲理性与现实性的结合。因为我们接触到古典的、经典的，尤其是先秦诸子的这些学说、这些书籍典籍，都会碰到一个很大的困难，就是文字语言上的差异和障碍。它们是用文言文写的，那时候还是刻在竹简上的，所以它非常的简练，有些字跟现在的用法也不一样，有些甚至于在流传过程当中还有伪作——因为我特别喜欢你的作品，我就替你写，我写一大堆，然后我觉得用我的名义没劲，而且你也不见得接受，譬如说姜华哲学著作最棒，我改名姜华了，我一下子写出一厚本来，我写上『姜华著』。这是很有趣的，在中国当然也有——古今中外都有抄袭问题，即盗窃旁人的成果为己有的问题，但经典当中更严重的却是伪作问题，即给自己的作品冠上古人、名人的名字的问题，是逆向的侵权。还有这种问题、这些障碍，有时候很多所谓的国学热爱者、阅读者就跟这些障碍打一辈子架，有这么说的、有那么说的，有不同的版本，解释《老子》的、

翻译《老子》的更多了。

联合国有关机构统计，全世界翻译书最多、发行量最大、版本最多的第一是《圣经》，《圣经》你没法比，因为它有大量的信徒；第二是《道德经》，就是《老子》，仅次于《圣经》。我所尝试的——这不是我的特长，但是我努力的就是想把老子的思想当做一种活的东西、活的思想来讨论，它是与我们有关系的，虽然不可能完全照搬、照办，也不可能说它立竿见影——学这个立刻就能够解决什么具体的问题，但是又不觉得它跟你不沾边，你觉得它和你沾边。他那个思路、他那个考虑问题的方法——在这些地方老子很有魅力，他很迷人。

《老子》的文学性

他的迷人包括他的文学性，他的文学性是什么意思呢？首先我要说《老子》自成为一个文体，它和《论语》、《孟子》不一样。《孟子》滔滔雄辩；《论语》写得特别合情合理，有一种规范性，朗朗上口，而且挺舒服的，让你看着如坐春风；《庄子》写得汪洋恣肆，那真是什么想象、什么词——他一张口就是故事，一张口就是寓言，一张口就是神话，他不一样。但是《老子》，我们管它叫《道德经》，太对了！它像经文，什么叫经文呢？第一，它特别精练；第二，它特别抽象。像《老子》里头几乎没有什么很具体的说法，从来没有说到什么时间、什么地点或者年月日，或者是某一个国家、某一个人、某一个集团，没有具体所指，他说的都是概念。

经典文体与弹性论述

这些大的概念留下了很多的弹性，越是经典越有弹性。它很独特，比如就拿一上来来说，它已经变成了一个标志：

《老子》的文学性

王蒙讲说《道德经》系列

第十八讲 老子的终结者

『道可道，非常道；名可名，非常名。无名，天地之始；有名，万物之母。』道和名本来是很抽象的，它这么一结构呢，从好处来说，它很深邃、很奥妙，叫『玄之又玄，众妙之门』，其实要用白话文说——各种解释还是不一样，多数人解释就是：第一个『道』是名词，第二个『道』是动词，就是那些可以言说的道理，并不是最根本最恒常的道理，那些可以表述的名称（概念），并不是最根本最恒常的名称（概念）。

中华经典的特点之一：易于背诵，难以解说

『道可道，非常道』还有一个特点，中国很多经典有这个特点，它好背不好理解，你很容易背诵，你要真正下功夫，这五千多字你把它全背下来都可以做到，但是想把它理解清楚，你得理解一辈子。

它还有一个文体问题，在很简单的、很简短的文字中，某些字不断地重复，我随便举个例子，就是第三十八章：『上德不德，是以有德。下德不失德，是以无德。上德无为而无以为。下德为之而有以为。上仁为之而无以为。上义为之而有以为。上礼为之而莫之应。』这真的像绕口令，你越背越像绕口令。它充分使用了文言文，就是有时候名词和动词用了同一个字。『上德不德，是以有德』，就是越是上等的德行，越不整天讲这个德，不把这个德挂在嘴上，而你越不整天把这个德挂在嘴上，你越有德，『是以有德』；『下德不失德』，你的境界比较低下，所以你不敢不说这个『德』字，你张口闭口一天二十四个小时有十六个小时都德德德德，『是以无德』。所以一个人要是这么讲德，他就没有多大的德行，这就是老子一贯的主张。就是这个东西你要化成你自己的生命，化成你自己的本能，不是说你故意在口头上标榜什么东西，不是在那里作秀，不是做姿态。

是同义反复吗

有时候像这样一类的东西在形式逻辑里给人一种同义反复的感觉。什么叫同义反复呢？比如说都是：德不德、有德、无德、失德，来回地说来说去都是『德』，这样的表述从形式逻辑上说是不可取的，然而他强调的是：某个概念、某个命名，有它的不容混淆的特性，有它自己的同一性。

『失道而后德，失德而后仁，失仁而后义，失义而后礼。夫礼者，忠信之薄而乱之首。』他是说你有了道，有了最自然而然的大道、最根本的东西，其他东西你都没了，你光剩下在口头上讲德了。他这个说法是不是有点过？这是另外的事。然后他就一层一层的——『失德而后仁』，你失了德以后，德也做不到了，大家不是说天然的都那么有德行，那时候你还得提倡什么呢？提倡仁即去制定一种价值规范。『失仁而后义』，你连仁都做不到了，人和人之间的互相的关爱都做不到了，那起码你还得讲正义或义气。他就这么一层一层地推理，这也是一种文体，这叫层层加码法，或者是层层减码法。

这种文体是中国的一个特色，我上小学的时候就背『大学之道，在明明德，在亲民，在止于至善。知止而后有定，定而后能静，静而后能安，安而后能虑，虑而后能得。』然后是『古之欲明明德于天下者，先治其国。欲治其国者，先齐其家。欲齐其家者，先修其身。欲修其身者，先正其心。欲正其心者，先诚其意』等等。好像有一个模式，就是一层一层一层一层，就跟上台阶或下台阶似的。

很早的时候，美国有一位大汉学家姓 Fairbank，就是费正清博士，说中国逻辑不发达，是中国科学上不去的原因之一，

他说中国最喜欢的是这种上台阶下台阶的大逻辑，从一件事无限上纲，一层一层一层越上越高，然后从一件大事又是下台阶，一点一点一点下来以后变成一个很简单的事。这是费正清对中国的批评，在《老子》里头也有好多，说明不光是儒家有，道家也有这种上台阶下台阶。

但是我最近有一个发现，就是说奥巴马总统的竞选词也来了一个上台阶下台阶。他很有名的很短的竞选词：

Your voice can change a room.If one voice can change a room, it can change a city.If it can change a city,it can change a state.If it can change a state,it can change a nation.If it can change a nation,it can change the world.Your voice can change the world.

奥巴马说：「你说一句话」，或者「你的声音能够改变一间屋子」——我们把它翻译成改变一个家庭，这是能齐家，然后「你能改变一个家庭就能改变一个城市，你能改变一个城市就能改变一个州，你能改变一个州就能改变一个国，你能改变一个国就能改变全世界。你的声音就能改变全世界」。他的这话从逻辑上说也经不住推敲，但很煽情，很有号召力。所以我就觉得有意思啊，说明这是一种文学性。从逻辑上说，谁的一个声音、说一句话就能改变全世界了？但是它的文学性很好，因为它有动员性、它有一种呼唤性——起来吧！有点这样。所以正是这样奥巴马在竞选词当中才要用到这样的文字。

诗体的《道德经》

《老子》的文字实际上讲押韵，它大致上押韵，所以我觉得它像诗。押韵，朗朗上口，譬如说第五十八章『其政闷闷，其民淳淳』，闷闷、淳淳，这都是用韵母en押韵。他就没说：其政闷闷，其民朴朴，没这么说，或者是：其政闷闷，其民素静，他也没这么说——他这个就很好听，还容易记，『其政闷闷，其民淳淳』，有一点规律；『其政察察，其民缺缺』，我想这个察察和缺缺——可惜我是不会念了，这个要是广东人念，他一定是押韵的，因为这是入声字，实际上还是押韵的。然后『祸兮福之所倚，福兮祸之所伏』，这不是押韵，这是对偶了，这是骈体，对仗，是中国文字的特点，因为中国文字很整齐，英文没法对仗，中国人特别讲对仗。做诗得对仗，过年得贴对联，所以这是很讲究文学性的。『孰知其极』，谁知道祸啊福啊这些东西，到了头它会成为什么样呢？『其极』就是到了终极到了头，是什么样呢？『其无正，正复为奇，善复为妖』，它究竟怎么样正规的、才算是正统的呢？正，它也能变成不正——奇可以念qí，也可以念jī，就是奇数——本来是最正常的最normal正常的东西，可以变成奇，变成unnormal不正常的东西。

老子有利于人们自我安慰

顺便说一下，我们说『老子的帮助』，并不是说老子的一切都能够有具体的帮助，有人说希望我讲老子怎么帮助治病，有人希望我讲老子怎么教育小孩儿，有人希望我讲老子怎么样能帮助家庭团结。但是老子不是万用灵丹，药到病除、立竿见影，这个做不到，但是老子能让你心情开阔，他让你眼光远大，我还要说一个好像是难听的话，老子他让你能够自我安慰，我就听过大学者说『祸兮福之所倚，福兮祸之所伏』是一个人倒霉的时候安慰自己的话。祸本来就是祸，祸变成了福，那是以后的事了。福就是福，这个很简单，你中彩了，你得了十万块钱，这是福，你失窃了、你钱包丢了、你丢了十万块钱，这个是祸。不能说你丢了钱就等于你中了彩，或者丢了钱就准中彩，没有这个可能性。但是我就想，一个人在自己一生中的某些时候能够自我安慰、能够解心宽、能够调理自己，使当然中国最喜欢的故事还是合的，十分完美的结局。从一件大事上，「一点一点一点」变得越来越复杂，然后从一件大事又变成了合的，「一点一点一点」，然后又变成一个很简单的事。这就是我所说的中国的故事。在《老子》里头的故事，说明不光是理论有，社会的故事也都变成了一个合的。

但是我觉得还有一个故事，就是我们用一个英语的说法来讲的一句话，当然也有外国的朋友说过这样的话：

Your voice can change a room. If one voice can change a room, it can change a city. If it can change a city, it can change a state. If it can change a state, it can change a nation. If it can change a nation, it can change the world. Your voice can change the world.

其可以说：「你说一句话」，或者「你的声音能够改变一个房间」——我们的每个声音都能够改变一个家庭，这就是我说的。然后「你能够改变一个家庭就能够改变一个城市，你能够改变一个城市就能够改变一个省，你能够改变一个省就能够改变一个国家，能够改变一个国家就能够改变全世界」。当然这是又一个角度的小故事，但是我觉得，我觉得它的也，所以我说声音有它的意义，说明这是一种文学性。从哲学上说，每一个声音、每一个人都能够改变全世界了。它是可以用耳朵听的文字。因为它有很多韵，它有一种节奏感——它押韵啊，有节奏，所以它是能够唱出来的，不要用眼睛读的文字。

有声的《道德经》

《老子》的文字采用了许多叠字、叠韵，所以我觉得它的文字非常漂亮。押韵，朗朗上口。譬如说第五十八章「其政闷闷，其民淳淳」，闷闷、淳淳，这都是用的叠字，都非常好听。「其政闷闷，其民淳淳」，我这么说，我觉得「其政闷闷，

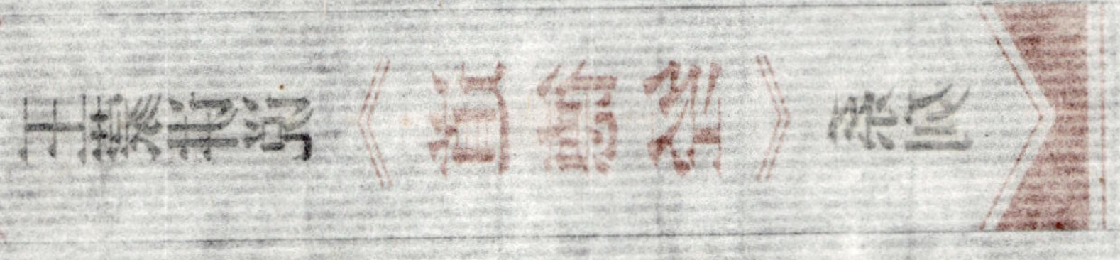

其民淳淳」，他也没这么说——他说这个韵律非常好听，这容易记。「其政闷闷，其民淳淳」，有一点韵味。「其政察察，其民缺缺」。我觉得这个察察缺缺——可能就是不会忘了。这个要是用来念，他「缺」字是非常好的，因为这是入声字，念起来就是非常有趣的。然后「祸兮福之所倚，福兮祸之所伏」，这不是押韵，这就是对偶了，这是对称、对仗，是中国文字的特点。因为中国文字能够对称，讲究对仗。中国人特别讲究对仗，讲究对仗，这在世界上很少见，所以这是很特殊的文字特色。「孰知其极？」谁知道它的极限在哪里呢？「其无正」，就是说它没有一个标准，「其无正。正复为奇，善复为妖」，也就是说它的正、本来是正常的，也是——可以变成奇，变成不正常的东西——本来是最正常的 normal 正常的东西，可以变成奇，变成 abnormal 不正常的东西。

老子有助于人们自我安慰

顺便说一下，我们说「老子的帮助」，并不是说老子的「包治百病的神奇的帮助」，有人说你给我讲讲老子怎么帮助治病，有人希望我讲讲老子的养生之道，有人希望我讲讲老子怎么帮助我治疗疾病。但是老子不是万能的药，神奇的药，这个我不信。但是老子提出来的心态很开阔，会让你眼光远大。我觉得这一个就是非常难得的。老子的话你能够自我安慰。我举一个大家都知道的「祸兮福之所倚，福兮祸之所伏」，是一个人能够在任何情况下安慰自己的话。这本来就是说，福祸变换一面，都是以后的事了。通俗地说，这个就很简单。你中彩了、你赚了十万块钱，这是福。你失业了、你被偷了、你赔了十万块钱，这个是祸。不能说你永远都中彩，或者老是都能中彩。没有这个可能性。但是我觉得，一个人在自己一生中的某些时候能够自我安慰、能够解开心结、能够调整自己，使

自己的心理更健康，能使自己的心理增加一点抗逆能力、抗病毒的能力，这也是一种良方嘛，尤其在市场经济下，一会儿金融危机了，一会儿股票上去了，让一些人发作神经病，这种浮躁的东西非常多；有人说城市里忧郁症比例不小，那得看他的标准是什么，抑郁的心情可能有的时候人人都会偶尔有一下的，至于说到了病症，这得看怎么衡量。

我知道现在的年轻人挺喜欢用「郁闷」这个词，今天这个郁闷、明天那个郁闷了，饭没吃好他也郁闷，让爸爸妈妈给说一顿他也郁闷，我曾经开过玩笑说，你要想郁闷的话，每个人每天从早到晚都有十五次自杀的理由，都有倒霉的事，所以他能自我安慰不好吗？心怀开阔一点，眼光远大一点，不要因为斤斤计较一些小事，就搞得自己很郁闷，经常能够鼓励自己「欲穷千里目，更上一层楼」「天生我材必有用，千金散尽还复来」「祸兮福所倚，福兮祸所伏」这样能够经常自己安慰自己、自己开导自己，也不是一件坏事。当然你不能只限于自我安慰，你还得有行动，应该加强学习。你下岗了要进行职业再培训，你有些事处理得不好、有些不良习惯，应该改正。但是除了这些以外，为什么不能自己安慰自己？老子的这些东西让人感觉到很切近，并不让你感觉到遥远。

老子教给我们说话

我有一个同行写小说的也是朋友，就是陕西的贾平凹先生，贾平凹先生有这么一个说法：一个人写的作品，如果里面有些话后来变成成语了，这可了不得，这可是一大成就、一大成功。你想想，现在咱们国家每天出两三本长篇小说——两本半的样子——那么多书，就你这个书里头有一句话被老百姓记住了，变成了一个成语，然后人家永远用这

个话，你不简单啊，太了不起了！我们要拿这个回过头来看老子，我的天啊！老子教给了我们中华民族说话，老子的很多话至今仍然活在我们的嘴上、活在我们的心里、活在我们的交流之中。在这个意义上我要说一句话：老子他没有死，因为他的话，我们都认可。

随便举一个例子，「天地不仁」——一遇到了自然灾害，我们立刻就会想到「天地不仁」，或者我们追悼一位非常可惜的英年早逝的对社会有贡献的人，我们也会想到「天地不仁」，天地并不给你多少亲爱、温柔，该怎么着它就怎么着。譬如说「大器晚成」，到现在我们也用，谁家的孩子如果父母老是抱怨他，说他不如他同年龄人成绩好，我们会鼓励他说他是「大器晚成」，你不一定都是三岁就见天才、四岁就作曲、五岁就上神童班，真正大的材料不是一时半会儿就能显出来的。「大智若愚」，这并不是《老子》里头的原话，但是它和什么「大成若缺」「大辩若讷」像是完全在一个模子里头产生出来的。譬如说「无中生有」也不是老子的原话，不但不是原话，而且对老子的话还略有歪曲，因为老子的原话是「万物生于有，有生于无」，而「无中生有」，「有」变成了「无」，这正是「大道」的体现，可是我们现在说「无中生有」，是一个贬义词，比如咱俩闹点矛盾，你在某种场合说我有什么做得不好的事情，我说这是「无中生有」，我从来没干过这个，这是你给我编出来的。我们这么用。但是即使如此，也说明「万物生于有，有生于无」这些词已经进了老百姓的脑子里了。像我们说过的「宠辱无惊」，不但成了成语，而且成了格言，我想任何一个人都需要这样一个格言，需要这样一个座右铭。「功遂身退」，我们后世用它时不说「功遂身退」，而说「功成身退」，意思一样。「功遂身退，天之道」，你要做的事已经完成了，完成了你该靠边就靠边，别老站在那儿等着

欢呼；这个境界可是太高了，这个境界是无私的、是忘我的、是不居功的、是不自傲的。比如说老子有些反战的话，说『大军之后，必有凶年』，现在老百姓几乎都会说这个话，没有文化的人也会说这个话，没读过《老子》的人也会说这个话。所以不要以为老子仅仅就在这五千字里头，或者就在学者的分析考证注释乃至于是在讲座或者电视的大讲堂里头，不，老子的思想影响要广泛得多，老子在中国人的心里，老子在中国人的头脑里边，我们的头脑里头多多少少都有点《老子》。当然不仅仅有一本《老子》，这是不够的，我们还有孔子、我们还有岳飞、我们还有苏东坡、我们还有孙中山、我们还有毛泽东、我们还有邓小平，我们还有很多很多各式各样的有影响的思想家、政治家、革命家、科学家等等。

哀兵必胜的煽情性

老子『哀兵必胜』这句话文学性非常强，甚至我认为『哀兵必胜』是一个煽情的口号，叫做悲情的口号——这是开玩笑了——正因为你是哀兵，你被逼得无路可走了，你只有拼这个胜利，你没有别的出路，不胜利毋宁死。老子很多地方是消极的，可是『哀兵必胜』这句话从消极里头引出了最积极的结论：中华民族到了最危险的时候，每个人被迫着发出最后的吼声！其实《共产党宣言》里头的许多词句也是这种『哀兵必胜』的意思：『无产阶级失去的只是锁链，得到的是整个世界！』这都是文学性非常强、鼓动性非常强，甚至我要说的是充满了悲情的一个号角，那号角一吹，有一种苍凉的感觉。另外，他让你感觉到『哀兵必胜』就是已经到了胜不胜就看往前冲不冲了，要进行绝地反击。

还有『报怨以德』，这是句伟大的话，就是『以德报怨』。简单地说：别人对我做了可怨恨的事，做了对不起我的事，

我以最高的道德、最大的善意来回报他，而不是冤冤相报，不是以眼还眼、以牙还牙。某些特定的状况下，是需要以眼还眼、以牙还牙的，但是在很多的情况下，我们应该大度、应该『报怨以德』。『以德报怨』这四个字，一个有道德感的人读了应该眼睛上浸出一点泪水。一个人能做到『以德报怨』——你对不起我行，但是我不做对不起你的事情，我尽我的心力来帮助你——我想这是一种非常美好的情操，尽管操作起来还有各种各样的问题。

再譬如说老子也有一些挺凶、挺厉害的话，『民不畏死，奈何以死惧之』，老百姓不怕死，别拿死吓唬我们。这是革命家的话，这像就义时候的话——你不是要枪毙我吗？行，我不怕，很悲壮：我不怕死，你枪口对着我，放！『民不畏死，奈何以死惧之』，这是革命造反的语言、这是反抗的语言、这是斗争的语言。还有『治大国若烹小鲜』这么漂亮的话，及『知白守黑』等等。

一个《老子》总共五千多字，教给咱们多少词啊，教给咱们多少话啊，他不但教了词教了话，而且教给了我们一种思路，教给了我们一种思维，不但教给了一种思维，还教给了我们一种语言表达的形式。他的激动人心的力量是不一样的，譬如说『哀兵必胜』，同样的意思，你换一句话：越倒霉越得拼命——就完全变成了一个很庸俗的市民的说法了，就很平常了——我没辙了，我只有跟你拼了不可。刚才说到『绝地反击』，这还行，你要说是咸鱼翻身呢？这不就变成调侃了，反倒不是好话了。

词句也是不能任意置换的

同样『报怨以德』或者『以德报怨』，我觉得很高尚，甚至让你想到佛想到基督有这种原谅别人、永远用最好的

态度来对待一切的这样一种精神。但是如果把它改成另外一种说法：你不管怎么对不起我，反正我也算对得起你了。这倒也不错，这话你听着意思没错，但是这有点市民腔——这哥儿俩一块合伙做买卖，最后闹起来了，说我对你可是对得起，你小子对我有点对不起，这就和这个『报怨以德』的说法很不一样了。我说明一个什么观点呢？《老子》的文学性体现了汉字的价值，体现了语言的价值，也体现了文言文的价值。我们今天要以学习白话文、使用白话文为主，这一点是毫无疑问的，以为说现在讲什么国学，大家就都去讲文言文，这是开历史的倒车，但是文言文里的那种精纯，包括语法上的那种灵活性，那也是非常吸引人的。

再谈儒道互补

谈《老子》的永久性的话题，我觉得还有另外一个话题值得说一说，就是对中国的士人、中国的读书人来说，咱们几千年来其实都多少有一点『儒道互补』的倾向。儒道互补是什么意思？中国这个国家，它的权力和资源在封建社会是非常集中的，因此都有一个怎么样发挥自身的作用的问题，叫做『为世所用』的问题，你如果不被世所用，你干着急，一点辙都没有。读书人相对比别人多念点书，多经过一点学习的训练，在你为社会服务比较顺利的时候，你有你自己的职位，我们也丝毫不隐讳包括有些人能够做官，那么在孔子老子那个时代，确实儒家的那一套对他有一种规范的作用，所谓『君君臣臣父父子子』，你该有什么样的规范，你该怎么掌握中庸之道，你不要做伤天害理的事情，你也不要做非常极端、非常过分的事情，避免后患等等也可以说就是怎么样能够相对的来说做到和谐一点。『和为贵』、『和而不同』，我们看《清明上河图》，那个时候虽然没有和谐社会这个提法，但是可以设想古人认为最理想的就是

各安其业。这个大家庭欣欣向荣，而且人人也都很淳朴，那就是一幅和谐的画面。《清明上河图》上就没有特别刺激的内容，既没有侠盗也没有恶魔，也没有辣妹，也没有猛男，它是各安其业、各安其位、各归其根、各知其常的这样一幅画面。

但是与此同时，不是每一个士人都有这样的机会，有时候他没有这种直接为社会服务的机遇，他有时候也会受挫，有时候还忍受冤枉等各种各样的情况。在那种不顺利的情况下，老子的这样一些我称之为机变、也可以称之为辩证——但是辩证毕竟是比较现代的一个词——的一套，对人是很受用的。用我们的中文来说我称之为机变，或者简单地说是随机应变，是根据形势来判断、来决定自己进退的一个方案，这个时候老子对很多人起了好的作用，尤其老子的对自然的强调，使很多人能够不至于搞得郁闷到了发作病患的程度。相反的，他从另一面看到世界的循环往复，看到世界上的人应该像婴儿一样保留他最天真的喜怒哀乐，他应该非常的朴实，他应该保持自己的原生态，他应该控制自己的欲望，不使自己的欲望有一个恶性的发作。像这些地方对于在仕途上不太顺利，或者生活中有些事情不是那么心想事成——其实心想事成这是一个祝愿，哪有那么多心想事成，你一想就成了，这怎么可能呢——的人帮助可太大了。所以老子在这一方面也给了人们许多智慧。

相对来说，中国人应该说是比较聪明的，中国人因为经历的苦难非常多，经历的挫折非常多，中国人不但积累了发展中的经验，也积累了在停滞状况下的经验，不但积累了所谓『邦有道』，在太平盛世的经验，也积累了在乱世的经验，能够在不同的、好的和不好的情况下，都能使这个民族、使这个国家延续下来。中华文化也有另一面，就是它

有一种抗逆的能力，也有一种自我调整的能力，还有一种应变的能力，这个文化碰到好事它也有辙，碰到最坏的事它也有辙。它总得想办法啊，不能说因为这个咱们散伙啊，中华民族怎么能散伙呢？不管碰到什么样的困难，得想办法克服困难，得让这个文化、这个生活、这个族群、这个事业千秋万代继续下去。中华民族、中国的历史无论如何是我们的一笔财富，远的不说，说我们的历史上只有高歌猛进、只有凯歌入云，不！我们的历史里有许多的曲折、有许多的失败、有许多的弯路，我们也干过蠢事，当然也有伟大的辉煌和成绩。这些东西都变成了我们的经验，就是说我们能够兼容并包，既能够有孔子合情合理、和谐规范的这一面，又有老子深谋远虑、机变适应，而且能够眼光放远放长的这一面，当然还有各种各样现代的知识、现代的理论。凡是好的东西，我们都要吸收，我们的精神资源越宽越好、越厚越好、越深越好。我无意说老子能解决一切问题，但是老子对我们确有帮助。我们完全有可能因为阅读老子而变得更加深谋远虑、胸怀宽广、气定神闲、悠然自得，使我们的精神境界更上一层楼，为自己赢得一个美好灵魂的精神乐园、智慧仙境。

谢谢四个多月来一直互相陪伴的听众、观众们。老子与中华文化会帮助你们，护佑你们，启示你们。